# Beiträge zur
# Ritualforschung

## Für Brr. Freimaurer

Cornelius Rosenberg, genannt Br. Hermes

# Die Rituale und Lehrsysteme der FREIMAURER
## Band 1
### Der Emulationsritus

*Aus dem Archiv des Illuminatenordens,*
*heil. geh. Kapitel der*
*Schottischen Ritter von Alexandrien.*

Bibliografische Information der Deutschen Nationalbibliothek: Die Deutsche Nationalbibliothek verzeichnet diese Publikation in der Deutschen Nationalbibliografie; detaillierte bibliografische Daten sind im Internet über dnb.dnb.de abrufbar.

© 2025 Br. Hermes, Cornelius Rosenberg
**Illuminatenorden – Bruderschaft der Illuminaten**
Preceptorat Essen (Ruhr)
Email: Ritualforschung@Illuminatenorden.net
Verlag: BoD · Books on Demand GmbH, Überseering 33,
22297 Hamburg, bod@bod.de
Druck: Libri Plureos GmbH, Friedensallee 273, 22763 Hamburg
ISBN: 978-3-8192-6703-1

# INHALTSVERZEICHNIS

# Die Rituale und Lehrsysteme der Freimaurer, Band 1: Der Emulationsritus

Der Inhalt der von Br. Hermes, dem Obermeister der Schottenloge „Zur starken Wehr im Westen" im Orient Essen, herausgegebenen Arbeit basiert auf der vollständigen Übertragung des Emulations-Ritus ins Deutsche. Die Textsammlung bietet eine präzise und formal einwandfreie Darstellung der drei symbolischen Grade (Lehrling, Geselle, Meister) einschließlich der vollständigen Ritualtexte, der Lectures (Frage-Antwort-Unterweisungen), der Tracing-Boards und der mythologischen bzw. spirituellen Deutungen. Der Text ist in seiner Genauigkeit und Tiefe außergewöhnlich und erfüllt drei wesentliche Funktionen:

## 1. Dokumentation für die Praxis

Der Text dient als Arbeitsgrundlage für deutschsprachige Logen, die nach dem Emulations-Ritus arbeiten oder einen Ritualwechsel erwägen. Die Ausgabe ist vollständig, traditionsgebunden und sprachlich präzise, wobei sie insbesondere auf eine wörtlich genaue Übertragung aus dem Englischen achtet.

## 2. Forschungsgrundlage

Diese Edition bietet, anders als viele andere deutschsprachige Publikationen, den vollständigen Textkorpus des Emulations-Ritus und ist somit von erheblichem Wert für ritualhistorische und symbolkundliche Studien. Während viele wissenschaftliche Arbeiten sich mit der Symbolik oder Geschichte beschäftigen, sind vollständige, kommentierte Ritualtexte selten öffentlich zugänglich. Die Edition ermöglicht ritualvergleichende Studien mit kontinentalen Systemen (französisch, schwedisch, altpreußisch) und erschließt auch die englische Urform für deutschsprachige Leser.

## 3. Spirituelle Schulung

Für den einzelnen Bruder bietet das Buch eine Einladung zu ritueller Vertiefung. Die Lectures zwingen durch ihre dialogische Struktur zur memorierenden Aneignung und zur symbolischen Reflexion. Dies hebt den Text weit über eine bloße Übersetzung hinaus: Er ist ein Lehrmittel zur inneren Schulung des Freimaurers.

# Vergleich mit deutschsprachigen und internationalen Publikationen

**Deutschsprachige Publikationen:** Im Vergleich zu Werken wie *"Das freimaurerische Ritual"* (Horneffer) oder *"Die großen Leitideen der Freimaurerei"* (Appel) besticht diese Ausgabe durch formale Exaktheit. Während genannte Werke oft erklärend, essayistisch oder interpretierend vorgehen, ist Hermes' Arbeit werkgetreu und frei von Deutung – was sie gerade dadurch zu einer soliden Ausgangsbasis für weiterführende Analyse macht.

**Englischsprachige Quellen:** Texte wie Colin Dyers *"Emulation – A Ritual to Remember"*, Henry Sadlers *"Facts and Fictions"*, oder John Hamills *"The Craft: A History of English Freemasonry"* sind Standardwerke, die allerdings zumeist auf historische und symbolische Kontexte eingehen. Die von Br. Hermes erstellte deutsche Edition füllt hier eine Lücke: Sie ist der erste Versuch, das originale Ritual der Emulation Lodge of Improvement vollständig, systematisch und auf Deutsch zugänglich zu machen – inklusive Lectures, die oft vernachlässigt werden.

## Prolog: Am Rand des Lichtes

Wenn der Mensch in den Tempel tritt, so lässt er das Profane hinter sich. Doch was erwartet ihn jenseits der Schwelle? Nicht Glanz, nicht Pracht – sondern Stille. Das Schweigen des Symbols, das sich dem offenbart, der fragt. Die Worte, die hier gesprochen werden, sind keine bloßen Sätze – sie sind Werkzeuge, gebaut aus Zeit, Treue und Sinn.

Dieses Buch, das du nun in Händen hältst, ist mehr als eine Sammlung geheimnisvoller Worte. Es ist ein lebendiges Mosaik aus Ritus und Wahrheit, gesammelt vom ehrwürdigen Bruder Hermes, Obermeister der Schottenloge „Zur starken Wehr im Westen".

Er hat nicht interpretiert, nicht verziert. Er hat gesammelt, geordnet, bewahrt. Was hier vorliegt, ist keine Meinung – es ist Form. Keine Deutung – sondern Ritual. Und wer sich in diese Form vertieft, der wird vielleicht verstehen, dass das Licht der Freimaurerei nicht laut leuchtet, sondern still.

So ist dieses Werk zugleich Werkzeug und Spiegel: Es führt zur Arbeit – und zur Erkenntnis der eigenen Gestalt.

**Wer bereit ist, zu hören, der wird nicht nur Worte finden. Sondern sich selbst.**

# Teil 1: Der Emulationsritus

## Einleitung

Der vorliegende Text stellt die bislang umfassendste Darstellung des Emulationsritus in deutscher Sprache dar – und ist auch im internationalen Vergleich ein seltenes Beispiel für die systematische, historisch fundierte und rituell-philosophische Erschließung eines der meistverbreiteten Ritualsysteme der Weltfreimaurerei.

Während sich die englischsprachige Fachliteratur zum Emulationsritus meist auf Einzelaspekte beschränkt – etwa die *Emulation Lodge of Improvement*, die *Lectures*, oder die Geschichte der *Lodge of Reconciliation* –, fehlt bislang eine geschlossene Gesamtdarstellung, die Geschichte, Symbolik, Ritualpraxis und Rezeption in ihrer inneren Einheit behandelt. Im deutschsprachigen Raum beschränkt sich die Beschäftigung mit dem Emulationsritus meist auf oberflächliche Beschreibungen oder praktische Gebrauchstexte innerhalb der *British Freemasons in Germany*. Eine fundierte, tiefenschichtige Analyse, die den Ritus nicht nur als formale Praxis, sondern als Träger symbolischer Weltdeutung begreift, ist bisher nicht publiziert worden.

Diese Schrift schließt diese Lücke. Sie rekonstruiert nicht nur die Genese des Emulationsritus aus dem historischen Konflikt zwischen *Moderns* und *Antients*, sondern arbeitet auch seine theologisch-symbolischen Tiefenstrukturen heraus, untersucht die Funktion der *Lectures* als ritualpädagogisches System und beleuchtet die weltweite Verbreitung des Ritus als britisches Kulturmodell.

Zugleich erhebt der Text selbst einen rituellen Anspruch: Er will nicht nur informieren, sondern strukturieren – nicht nur beschreiben, sondern im Geiste des Ritus die Form als Mittel zur Erkenntnis sichtbar machen. Der Emulationsritus erscheint hier nicht als museales Überbleibsel, sondern als ein bis heute wirksames Initiationsmodell, dessen Bedeutung weit über die Grenzen der englischen Freimaurerei hinausreicht.

Diese Arbeit versteht sich daher als Einladung: an deutschsprachige Freimaurer, einen der mächtigsten Riten unserer Zeit wirklich kennenzulernen; an anglophone Leser, die Tiefe eines Systems neu zu entdecken, das sie womöglich nur in der Praxis, nicht aber in seiner symbolischen Kohärenz erfahren haben; und an all jene, die in der Form das Maß, im Ritual die Sprache der Erinnerung, und in der Disziplin die Schule der inneren Wandlung erkennen.

## Vorgeschichte des Emulationsritus

Der Emulationsritus, wie er sich ab dem frühen 19. Jahrhundert in England als Standardisierung ritualistischer Praxis etablierte, ist ohne ein tiefgehendes Verständnis der freimaurerischen Landschaft des 18. Jahrhunderts nicht nachvollziehbar. Insbesondere die Spannungen zwischen den sogenannten „Moderns" und „Antients" legten den Grundstein für die spätere Notwendigkeit einer ritualistischen Einigung. Dieser erste Teil beleuchtet die sozio-ritualistische Ausgangslage, auf deren Boden der Emulationsritus entstehen konnte.

## Die Gründung der Premier Grand Lodge of England (1717)

Am 24. Juni 1717 schlossen sich vier in London ansässige Logen zur ersten Großloge der Welt zusammen: der *Premier Grand Lodge of England*, später in der Forschung auch als die „Moderns" bezeichnet. Diese historische Vereinigung wird traditionell im *Goose and Gridiron Ale House* in der St. Paul's Churchyard verortet.

Die Gründung hatte zwei Hauptmotive:

- **Pragmatische Koordination** der rituellen Praxis, insbesondere im Hinblick auf die zunehmende gesellschaftliche Sichtbarkeit freimaurerischer Aktivitäten.
- **Zentralisierung der Macht**, um Autorität über neue Logengründungen auszuüben.

Das wichtigste früh überlieferte Dokument dieser Phase ist das von James Anderson im Jahr 1723 herausgegebene Werk: *The Constitutions of the Free-Masons*, das maßgeblich die symbolisch-ethische Grundlage der modernen Freimaurerei legte. Andersons Konstitutionen definierten nicht nur Organisationsstrukturen, sondern versuchten, eine gemeinsame Tradition zu konstruieren – einschließlich einer mythologisierten

Herkunftsgeschichte der Bruderschaft von Adam über Noah bis zu König Salomo.

## Die Krise der rituellen Einheit

Trotz der scheinbaren Zentralisierung unter der Premier Grand Lodge blieb das Ritual in der Praxis uneinheitlich. Zwischen 1725 und 1750 entstanden in England dutzende neue Logen, von denen viele autonom arbeiteten und lokale rituelle Varianten pflegten.

Die *Moderns* wurden von konservativeren Kräften dafür kritisiert, vom ursprünglichen Ritual abzuweichen. Beispiele dafür sind:

- **Veränderung der Erkennungszeichen**
- **Auslassung oder Abschwächung biblischer Bezüge**
- **Anpassung an bürgerliche Empfindlichkeiten** des aufstrebenden protestantischen Bürgertums

Diese Entwicklungen führten nicht nur zu Unmut innerhalb Englands, sondern auch bei irischen und schottischen Maurern, die in London lebten und eigene Vorstellungen von „richtiger" Maurerei mitbrachten.

## Die Entstehung der Antient Grand Lodge of England (1751)

Im Jahr 1751 gründeten vorrangig irische Einwanderer in London eine konkurrierende Großloge, die sich selbstbewusst als *Antient Grand Lodge of England* bezeichnete. Ihr Sekretär und wichtigste ideologische Kraft war **Laurence Dermott**, Verfasser der *Ahiman Rezon* (1756), eines satirischen und zugleich polemischen Regelwerks gegen die Moderns.

Die *Antients* behaupteten, die ursprüngliche „Ancient Craft Masonry" zu praktizieren, und beschuldigten die Premier Grand Lodge, durch Rationalismus, Deismus und gesell-schaftliche Anpassung die Essenz der Freimaurerei verraten zu haben.

In der *Ahiman Rezon* kritisierte Dermott unter anderem:

- Die Rationalisierung und Verweltlichung der Rituale
- Den Verlust sakraler Symbolik
- Die Entfernung der Royal Arch-Zeremonie aus dem Hauptsystem

Die *Antients* führten daher strengere rituelle Standards ein, pflegten eine tiefere Sakralität und legten großen Wert auf das Einhalten traditioneller Formen, einschließlich der Aufnahme-praktiken und der alttestamentlichen Symbolik.

## Die Koexistenz beider Systeme (1751–1813)

Für über sechs Jahrzehnte existierten in England zwei Großlogen nebeneinander, oft in feindseliger Konkurrenz. Beide Großlogen erklärten sich für regulär, betrachteten sich aber gegenseitig als illegitim. Daraus ergaben sich mehrere Folgen:

- Logen mussten sich einer der beiden Großlogen anschließen oder blieben als „St. John's Lodges" unabhängig.
- Ausländische Besucher mussten sich entscheiden, welche Großloge sie als „regular" betrachteten.
- Die divergenten Rituale entwickelten sich immer weiter auseinander: Die *Moderns* praktizierten ein rationalisiertes, teilweise „entdogmatisiertes" Ritual, während die *Antients* ein rituell dichteres, traditionsbezogenes System pflegten.

Diese doppelte Struktur war einerseits Ausdruck innerenglischer gesellschaftlicher Spannungen (bürgerlich-rational vs. sakral-traditionell), andererseits ein Hindernis für die internationale Anerkennung der englischen Freimaurerei durch aufkommende Großlogen im europäischen Ausland.

### Die Notwendigkeit einer Union

Die zunehmenden Verwicklungen in internationale diplomatische und koloniale Prozesse sowie der Wunsch nach ritueller Einheit führten Anfang des 19. Jahrhunderts zur Einsicht, dass eine Vereinigung unausweichlich war. Der Emulationsritus sollte später das Produkt dieses Versöhnungsprozesses werden – nicht als bloßer Kompromiss, sondern als Synthese zweier konkurrierender Weltanschauungen innerhalb der Freimaurerei.

## Quellen

- Anderson, James: *The Constitutions of the Free-Masons* (London, 1723)
- Dermott, Laurence: *Ahiman Rezon* (1756, mehrere Auflagen bis ins 19. Jahrhundert)
- Sadler, Henry: *Masonic Facts and Fictions* (London, 1887)
- Dyer, Colin: *Emulation: A Ritual to Remember* (1973)
- United Grand Lodge of England Archives (London)
- Harland-Jacobs, Jessica L.: *Builders of Empire: Freemasons and British Imperialism, 1717–1927* (2007)

# Die Notwendigkeit einer „alten" Alternative

Die Gründung der **Antient Grand Lodge of England** im Jahr 1751 stellte keine bloße Organisationsreform dar, sondern eine dezidierte ideologische und rituelle Gegenbewegung. In ihrem Selbstverständnis bewahrten die Antients die „alten Landmarken", während sie die *Moderns* für eine rationalistische Verfälschung des maurerischen Erbes hielten. Diese Eigenständigkeit wurde zur Grundlage jener rituellen Tiefe, welche später den Emulationsritus entscheidend mitprägte.

### Historischer Kontext

Die Mitte des 18. Jahrhunderts war von wachsender Migration aus Irland nach England geprägt. Viele irische Maurer fanden in London keine Aufnahme bei den Moderns, deren Logen häufig aristokratisch geprägt waren. So entstand aus praktischer Notwendigkeit, aber auch aus ritueller Kritik, am **17. Juli 1751** in London eine neue Großloge, die sich explizit als **„Antient Grand Lodge of England according to the Old Institutions"** bezeichnete.

### Führung und Struktur

Die entscheidende Figur der Antients war **Laurence Dermott**, ein gebildeter irischer Maurer, der ab 1752 als Großsekretär wirkte. Seine programmatische Schrift *Ahiman Rezon* (1756) war weit mehr als ein Regelwerk: Sie war eine polemisch-satirische Apologie der antiken Freimaurerei und enthielt eine der ersten umfassenden Verteidigungen ritueller Orthodoxie in englischer Sprache.

Dermott orientierte sich an den **irischen Ritualstrukturen**, die im Vergleich zu denen der Moderns stärker symbolisch-sakral, praxisorientiert und mit dem Royal Arch als integraler Bestandteil versehen waren.

## Ritualistische Unterschiede zu den Moderns

Die Antients verstanden sich explizit als Bewahrer der „Ancient Craft Masonry". Daraus ergaben sich mehrere substanzielle Unterschiede im Ritual:

### Royal Arch

Die Antients betrachteten den Royal Arch nicht als Anhängsel oder separates System, sondern als *vierte Stufe* der „Ancient Masonry". Die Moderns hingegen lehnten ihn lange als unhistorisch oder inauthentisch ab. Dermott schrieb:

„No Mason is truly a Master Mason until he has passed the Royal Arch." (*Ahiman Rezon*, 1756)

### Sakralität und liturgische Sprache

- ◆ Die Antients bewahrten den biblischen Bezug, insbesondere die Verbindung zur Heiligen Schrift, zur Arche Noah, zum Tempel Salomos und zur Bundeslade.
- ◆ In der Formulierung der Ritualsprache bevorzugten sie archaische Wendungen und liturgische Rhythmen, die teilweise an anglikanische und katholische Liturgien erinnerten.

19

- ◆ Die Dreistufigkeit des Rituals wurde mit stärkerer Gewichtung auf Prüfungen, Symbolik und moralischer Unterweisung versehen.

### Gestik und rituelle Handlung

- Die Erkennungszeichen und Passworte unterschieden sich substanziell.
- Die Antients legten größeren Wert auf körperliche Gesten und dramatische Elemente, etwa bei der Darstellung des symbolischen Todes im dritten Grad.

## Institutionelle Stärke und internationale Vernetzung

Die Antient Grand Lodge erwies sich als hochgradig effizient in ihrer Organisation und Logengründung. Sie wuchs schneller als die Premier Grand Lodge in der zweiten Hälfte des 18. Jahrhunderts.

- **Irland und Schottland**: Ihre Nähe zu den dortigen Großlogen stärkte ihren Anspruch auf Legitimität.
- **Amerikanische Kolonien**: Viele der ersten Logen in Nordamerika arbeiteten nach dem System der Antients (z. B. George Washingtons Lodge).
- **Bündnisse**: Enge Beziehungen zur Grand Lodge of Ireland und zur Grand Lodge of Scotland wurden gepflegt und ritualistisch reflektiert.

Die *Ahiman Rezon* wurde zum Exportinstrument einer rituell stark codierten und auswendig zu lernenden Praxis.

## Die Verwurzelung im Alten Bund

Ein zentraler Aspekt der Antients war ihr theologisches Fundament:

- Die Rückbindung an das Alte Testament verlieh der Freimaurerei eine sakrale Tiefe.
- Die Bundeslade, der Hohepriester, die 12 Stämme Israels, die Stiftshütte und der Wiederaufbau des Tempels in der Royal-Arch-Zeremonie bildeten eine symbolische Kulisse, die die „Moderne" bewusst abstrahiert hatte.

Daraus erklärt sich, warum spätere Reformen wie die der *Lodge of Reconciliation* versuchten, diese Tiefe zu bewahren – was im Emulationsritus teilweise gelingt.

## Rezeption und Bedeutung für den Emulationsritus

Der spätere Emulationsritus (ab 1816) trug wesentlich Elemente der antienten Praxis in sich:

- Die vollständige Ritualisierung der drei Grade (inkl. auswendig gelernter Vorträge)
- Die Aufwertung des Royal Arch als „Krönung" der Symbolischen Freimaurerei
- Die Beibehaltung sakraler Symbolik und Bibelbezüge
- Die Disziplinierung der rituellen Praxis in Demonstrations- und Instruktionslogen

Ohne das konservative, strukturstarke Gegenmodell der Antients wäre die ritualistische Einigung von 1813 vermutlich formal, aber nicht substanziell gewesen.

## Quellen und Literatur

- Dermott, Laurence: *Ahiman Rezon* (1756; zahlreiche spätere Auflagen)
- Sadler, Henry: *Masonic Facts and Fictions* (1887)
- Dyer, Colin: *The Grand Stewards and their Lodge* (1985)
- Hamill, John: *The Craft: A History of English Freemasonry* (1986)
- United Grand Lodge of England Archives, Library and Museum of Freemasonry (London)

## Die Notwendigkeit der rituellen Einigung

Nach über sechzig Jahren gespannter Koexistenz zwischen der Premier Grand Lodge of England (den „Moderns") und der Antient Grand Lodge of England war die englische Freimaurerei gespalten – organisatorisch, ideologisch und rituell. Die geopolitische und gesellschaftliche Lage des frühen 19. Jahrhunderts zwang beide Systeme zur Einigung, um Einheit und internationale Anerkennung zu sichern. Diese Einigung – bekannt als **Union von 1813** – war nicht nur eine juristische Fusion, sondern ein komplexer **ritueller Versöhnungsprozess**, der durch die Gründung der **Lodge of Reconciliation** institutionalisiert wurde. Ihre Arbeit bildete den unmittelbaren Ursprung des späteren Emulationsritus.

## Die politischen und freimaurerischen Voraussetzungen der Union

### Dynastisches Motiv: Die Herzöge von Kent und Sussex

- **Edward Augustus, Duke of Kent**, war Großmeister der Antients (1813).
- **Augustus Frederick, Duke of Sussex**, war Großmeister der Moderns.

Die beiden Brüder – beide Söhne von König George III – nutzten ihre Stellung, um eine Einigung zwischen den verfeindeten Großlogen herbeizuführen. Dabei war nicht nur familiäre Loyalität im Spiel, sondern auch politische Weitsicht: Eine geeinte englische Freimaurerei konnte besser in den kolonialen Raum expandieren und ihre Autorität gegenüber den Großlogen des Auslands stärken.

### Einheit in Organisation und Ritual

Die geplante Union erforderte drei Dinge:

1. Einheitliche Verwaltungsstruktur (→ *United Grand Lodge of England*, UGLE)
2. Gemeinsame Regularitätsdefinition
3. Vor allem: **Ein einheitliches Ritual**

# Die Gründung der Lodge of Reconciliation (1813)

Am **7. Dezember 1813** – nur Wochen vor der offiziellen Union – wurde durch die beiden Großlogen gemeinsam die **Lodge of Reconciliation** ins Leben gerufen. Ihre Aufgabe war nicht die Erfindung eines neuen Rituals, sondern:

- Die **Versöhnung** der beiden bestehenden Systeme,
- die Schaffung einer verbindlichen Form,
- und die Vorbereitung einer **Unterweisung**, die allen Logen als Vorlage dienen konnte.

### Mitglieder und Arbeitsweise

Die Mitglieder der Lodge of Reconciliation wurden aus beiden Großlogen ausgewählt, um eine ausgewogene Vertretung der rituellen Positionen zu gewährleisten. Ihre Arbeit war intensiv, oft kontrovers, aber von einem Geist des Kompromisses getragen.

Die Protokolle ihrer Sitzungen zeigen:

- Intensive Debatten über Formulierungen, Gesten und symbolische Inhalte
- Teilweise Übernahme antienter Elemente (z. B. stärkere Betonung des Royal Arch)
- Rationalisierung einiger Moderns-Passagen (z. B. Vereinfachung der Lectures)

# Die Union am 27. Dezember 1813

Am Fest des heiligen Johannes, dem 27. Dezember 1813, wurde die Union in der Freemasons' Hall zu London feierlich vollzogen. Es entstand die **United Grand Lodge of England (UGLE)** – bis heute die maßgebliche Großloge im englischsprachigen Raum.

In der **Unionsvereinbarung** heißt es zur ritualistischen Frage:

*"That there shall be but one pure and perfect system of Masonry to be practised in the United Grand Lodge of England..."*

Dieser „pure and perfect system" war das Werk der **Lodge of Reconciliation** – eine Hybridform aus antienter Tiefe und moderner Formklarheit.

### Vermittlung durch Demonstration

Nach Abschluss der Arbeiten wurden **Demonstrationen des neuen Rituals** durchgeführt, um es den einzelnen Logen zur Nachahmung zu übergeben. Diese Demonstrationen, ihre Exaktheit und der „kanonische" Charakter des Rituals führten direkt zur Gründung der **Emulation Lodge of Improvement** zehn Jahre später.

## Das Problem der Überlieferung

Die Lodge of Reconciliation hat **keine vollständigen schrift-lichen Ritualtexte** veröffentlicht. Dies hatte drei Gründe:

- Das Ritual sollte **mündlich tradiert** werden, um die sakrale Autorität zu wahren.
- Es bestand Furcht vor **Missbrauch durch unautorisierte Drucke.**
- Man wollte **rituellen Pluralismus** durch lokale Anpassung vermeiden.

Daher erfolgte die Verbreitung durch **Instruktionslogen,** die das Ritual auswendig demonstrierten. Diese Praxis wurde zum Markenzeichen des späteren Emulationsritus.

Während viele Logen das neue Ritual übernahmen, gab es auch Widerstände:

- **Royal Arch-Freunde** kritisierten, dass der vierte Grad nicht offiziell in das System aufgenommen wurde (erst 1835 durch UGLE gesondert bestätigt).
- **Philosophische Maurer** bedauerten die Auslassung diskursiver Elemente zugunsten eines performativen Rituals.
- **Reformer** sahen in der neuen Form eine Bürokratisierung des Symbols.

Dennoch setzte sich das Ritual im Laufe des 19. Jahrhunderts durch – nicht zuletzt durch den Erfolg der Emulation Lodge of Improvement ab 1823.

## Quellen und Literatur

- Sadler, Henry: *Masonic Facts and Fictions* (1887)
- Dyer, Colin: *Emulation: A Ritual to Remember* (1973)
- Hamill, John: *The Craft: A History of English Freemasonry* (1986)
- Roberts, J.M.: *The Mythology of the Secret Societies* (1972)
- UGLE Library & Museum: Archivmaterial zur Lodge of Reconciliation
- *Proceedings of the Lodge of Reconciliation*, Manuskripte 1813–1816 (London)

## Vom Demonstrationsinstrument zur Hüterin des Rituals

Die Arbeit der *Lodge of Reconciliation* (1813–1816) hatte das vereinheitlichte Ritual der wiedervereinigten englischen Freimaurerei formuliert und durch mündliche Demonstrationen verbreitet. Doch nach ihrer Auflösung entstand eine ritualistische Lücke: Es fehlte eine Institution, die dieses Ritual dauerhaft **bewahrte, lehrte und schützte**. Diese Aufgabe übernahm ab dem Jahr **1823** die **Emulation Lodge of Improvement** – benannt nach dem Ziel, das „perfektionierte" Ritual fortwährend zu emulieren (nachzuahmen) und zu vervollkommnen.

# Gründung der Emulation Lodge of Improvement

## Datum, Ort und Anlass

Die **Emulation Lodge of Improvement (ELoI)** wurde am **2. Oktober 1823** in London gegründet, mit Sitz in der Freemasons' Hall. Sie verstand sich nicht als gewöhnliche Loge, sondern als sogenannte **Instruction Lodge** (Unterweisungsloge).

## Gründungszweck

- **Bewahrung des ritualistischen Erbes** der *Lodge of Reconciliation*
- **Instruktion von Brüdern** in der korrekten Durchführung der Grade
- **Standardisierung** von Sprache, Gestik, Dramaturgie und Symbolik
- **Abwehr ritualistischer Abweichung** innerhalb der UGLE

Die ELoI definierte sich nicht als rituelle Reforminstanz, sondern als **dienende Institution zur Bewahrung des überlieferten Kanons.**

# Struktur und Arbeitsweise der ELoI

## Organisationsform

- Die ELoI ist **keine reguläre „blaue Loge"**, sondern eine permanente Unterweisungsgruppe unter Aufsicht der UGLE.
- Sie ist **offen für Brüder aller regulären Logen**, die das Emulationsritual praktizieren oder erlernen möchten.
- Sie tagt **wöchentlich** (meist freitags) und führt Demonstrationen der drei Grade sowie der Installationszeremonie des Meisters durch.

## Demonstration, nicht Initiation

- Keine Aufnahme- oder Beförderungsrituale im eigentlichen Sinne
- Stattdessen: **Zeremonien als Demonstration** mit fester Rollenzuweisung und präzisem Ablauf
- Teilnehmer können in verschiedenen Rollen üben und durch Beobachtung lernen
- Korrekturen durch den **Preceptor (Instrukteur)**

## Das Preceptors' Committee

Ein zentrales Organ ist das **Komitee der Preceptoren**, das:

- die exakte **Sprachform** des Rituals autorisiert,
- Korrekturen und Anpassungen beschließt,
- den Standard der „permitted variation" festlegt (zugelassene rituelle Varianten, z. B. bei Lokalaussprachen oder traditionellen Gebräuchen).

Dieses Gremium handelt **in Übereinstimmung mit der UGLE**, ist aber **nicht direkt weisungsgebunden** – eine bewusste semi-autonome Struktur zur rituellen Integrität.

## Die Emulation Lectures – Symbolische Unterweisung

### Ursprung und Aufbau

Neben den drei Graden umfasst das Emulationssystem sogenannte **Lectures** – Unterweisungen in Frage-und-Antwort-Form zu Symbolik, Geschichte und Moral.

- Die Lectures waren ursprünglich Teil vieler Logenrituale im 18. Jahrhundert.
- Die ELoI hat sie **standardisiert und bewahrt**, obwohl sie heute selten vollständig rezitiert werden.
- Sie folgen einem **Katechismusprinzip** und dienen der **inneren Vertiefung des Rituals**.

**Inhaltliche Schwerpunkte**

- Bedeutung der Werkzeuge (Zirkel, Winkelmaß etc.)
- Allegorische Deutung des Tempelbaus
- Pflichten des Freimaurers
- Struktur des Tempels, Bedeutung der Säulen und Himmelsrichtungen

Diese Lectures bilden das **pädagogische Rückgrat des Emulationssystems**, in dem das gesprochene Ritual durch reflektierende Fragestellungen erschlossen wird.

## Einfluss der ELoI auf die englische Freimaurerei

**Rituelle Autorität**

- Die ELoI ist bis heute die **maßgebliche Instanz für die korrekte Ausführung des Emulationsrituals.**
- Viele Logen orientieren sich **explizit an den Formen der ELoI** oder schicken ihre Beamten zur Unterweisung.

**Internationale Ausstrahlung**

Das Emulationsritual wurde durch britische Freimaurer weltweit verbreitet – insbesondere in:

- **Australien, Neuseeland, Indien, Kanada, Südafrika**
- **Westafrika** (z. B. Nigeria)
- **Karibikstaaten** mit britischem kolonialen Erbe

In diesen Ländern gilt das Emulationssystem als **Standard für
Regularität und rituelle Authentizität.**

## Quellen und Literatur

- Emulation Lodge of Improvement (offizielle Website)
- Dyer, Colin: *Emulation: A Ritual to Remember* (1973)
- Sadler, Henry: *Masonic Facts and Fictions* (1887)
- Hamill, John: *The Craft: A History of English Free-
  masonry* (1986)
- United Grand Lodge of England, Library and Museum:
  Protokolle und Vortragsmaterialien der ELoI

# Die Lectures als Herzstück ritueller Unterweisung

Während die rituellen Zeremonien des Emulationsritus (Aufnahme, Beförderung, Erhebung, Installation) vor allem der Initiation, Dramatisierung und Wiedervergegenwärtigung des freimaurerischen Weges dienen, sind es die sogenannten **Lectures**, welche die **symbolischen, moralischen und historischen Inhalte** erschließen. Ihre Struktur in **Frage-und-Antwort-Form** stellt eine der ältesten didaktischen Formen westlicher Bildungstraditionen dar – mit Parallelen zur mittelalterlichen Scholastik, zur rabbinischen Hermeneutik und zur katechetischen Praxis der Kirche.

## Ursprung und Entwicklung der Lectures

### Frühe Wurzeln im 18. Jahrhundert

Schon in den Logen des frühen 18. Jahrhunderts war es üblich, die Brüder nach der rituellen Arbeit zu befragen – etwa:

- nach dem Sinn der Werkzeuge,
- nach den Symbolen auf dem Teppich,
- oder zur Bedeutung des Gelöbnisses.

Diese Praxis wurde zunächst **mündlich tradiert**, später in gedruckten Ritualbüchern aufgenommen, wie etwa in:

- *Samuel Prichard's Masonry Dissected* (1730),
- *Jachin and Boaz* (1762),
- *Ahiman Rezon* (Laurence Dermott, 1756).

**Systematisierung durch die Lodge of Reconciliation**

Die Lodge of Reconciliation entwickelte in den Jahren 1813–1816 **vereinheitlichte Lecture-Texte**, die im Rahmen der rituellen Union standardisiert und zum Lehrkanon der Emulation Lodge of Improvement wurden.

**Kontinuierliche Pflege durch die ELoI**

Die Emulation Lodge of Improvement hat die Lectures bis heute erhalten, regelmäßig demonstriert und an veränderte Sprachgewohnheiten angepasst – ohne dabei die Struktur zu verändern. Ihre **aktuelle autoritative Fassung** ist nur innerhalb der ELoI-Lehrpraxis vollständig dokumentiert.

## Aufbau und Gliederung der Lectures

Die Lectures sind für jeden der drei Grade (Lehrling, Geselle, Meister) sowie für die Installation des Meisters (Chair Lectures) in einzelne „Sections" unterteilt. Innerhalb dieser Abschnitte erfolgt die **symbolische Belehrung** in strenger Dialogform:

- **Fragen** werden vom „Master" oder einem zuständigen Instrukteur gestellt,
- **Antworten** von einem benannten Bruder oder der versammelten Brüderschaft gegeben.

Die wichtigsten Abschnitte sind:

**First Degree Lectures (Entered Apprentice)**

- Ursprung und Zweck der Freimaurerei
- Bedeutung der Werkzeuge (Hammer, Schurz)
- Die drei großen Lichter: Bibel, Winkelmaß und Zirkel
- Die drei Säulen: Weisheit, Stärke, Schönheit
- Die geometrische Ausrichtung der Loge (Ost – West)

**Second Degree Lectures (Fellow Craft)**

- Die fünf Sinne und sieben freien Künste
- Die Bedeutung der Treppe mit drei, fünf und sieben Stufen
- Die Arbeit am rauen Stein
- Bezug zum Tempelbau in Jerusalem
- Die Rolle des Gesellen in der moralischen Entwicklung

**Third Degree Lectures (Master Mason)**

- Die Legende um den Tod Hiram Abifs
- Der symbolische Grabgang und die drei Schläge
- Die Wiedererweckung durch das „Wort"

- Die Bedeutung von Tod, Auferstehung und Unsterblichkeit
- Der „wahre Meister" als innere Verwirklichung

**Chair Lectures (Installation)**

- Die Pflichten eines Meisters gegenüber Loge, Beamten
  und Bruderschaft
- Die Bedeutung des Stuhls Salomos
- Die Übergabe des Schwerts der Gerechtigkeit und des
  Winkels der Rechtleitung

## Symbolik und Lehre in der Frage-Antwort-Form

Die Lectures leisten mehr als bloße Wissensvermittlung: Ihre
**strenge Form strukturiert symbolisches Denken** und zwingt
zur konzentrierten Reflexion. Jedes Frage-Antwort-Paar eröffnet einen Zugang zu einem tieferen Sinn – etwa:

**Frage**: *What are the three great though emblematical lights of
Freemasonry?*
**Antwort**: *The Volume of the Sacred Law, the Square, and the
Compasses.*

Darin enthalten sind nicht nur Gegenstände, sondern ganze
**Weltanschauungselemente**: Offenbarung, Moral, Maß und
Gleichgewicht.

Die Form zwingt zur **Verdichtung**, was zur **Initiation in symbolisches Denken** führt – einer Fähigkeit, die für die innere Transformation des Freimaurers zentral ist.

## Pädagogik der Emulation Lectures

Die Lectures folgen einem impliziten didaktischen Prinzip, das sich in mehreren Ebenen entfaltet. Ihre Wirkung beruht auf einer gezielten Wiederholung, die nicht nur zur Einprägung, sondern zur nachhaltigen Verinnerlichung des vermittelten Inhalts führt. Durch die dialogische Form werden die Brüder nicht bloß zu Zuhörern, sondern zu aktiven Teilnehmern des Erkenntnisprozesses. Das bloße Aufnehmen von Wissen wird dabei durch eine tiefere, durch Wiederholung und Ritualisierung geförderte Aneignung ersetzt.

Die strukturierte Gliederung der Lectures in aufeinander aufbauende Stufen spiegelt die Idee der allmählichen Erhebung wider: Jede Stufe enthüllt ein weiteres Stück des symbolischen Kosmos, den der Freimaurer durchschreiten soll. Der moralisch-symbolische Gehalt wird dabei nicht direkt erklärt, sondern durch die Form der rituellen Sprache erfahrbar gemacht – nicht als abstrakte Lehre, sondern als erlebter Erkenntnisweg.

# Bedeutung im heutigen Ritualleben

### Schrumpfende Praxis

In vielen heutigen Emulationslogen werden die Lectures **nicht mehr regelmäßig rezitiert** – teils aus Zeitgründen, teils aus mangelnder Kenntnis. Die ELoI bemüht sich, diese Praxis durch regelmäßige Demonstrationen zu erhalten.

### Symbolischer Mehrwert

- ◆ Die Lectures bieten eine **Tiefenschicht**, die über das sichtbare Ritual hinausführt.
- ◆ Sie vermitteln eine **innere Philosophie**, ohne explizit systematisch zu sein.
- ◆ In ihrer Gesamtheit wirken sie wie ein **katechetisches System der Selbsteinweihung**.

## Quellen und Literatur

- *The Lectures of the Three Degrees in Craft Masonry* (Emulation Lodge of Improvement, offizielle Ausgabe)
- Dyer, Colin: *Emulation: A Ritual to Remember* (1973)
- Sadler, Henry: *Masonic Facts and Fictions* (1887)
- Hamill, John: *The Craft: A History of English Freemasonry* (1986)
- Emulation Lodge of Improvement, London – Archivmaterial und Protokolle

# Form als Inhalt

Der Emulationsritus ist nicht nur eine historische Synthese rivalisierender Systeme, sondern ein bewusst formalisiertes Ritualmodell. In ihm sind **Sprache, Symbolik, Gestik und Dramaturgie** zu einem festen System verschmolzen. Anders als viele kontinentaleuropäische Riten, die stärker philosophisch-diskursiv oder individuell-expressiv geprägt sind, erhebt der Emulationsritus die **exakte Form** zum Träger des freimaurerischen Inhalts.

## Sprache: Rituelle Ausdrucksform und semantische Verdichtung

### Stilmerkmale

Die Ritualsprache des Emulationsritus ist geprägt durch:

- **Biblische Diktion**: archaisierende Wendungen, z. B. *"So mote it be"*
- **Verknappung**: statt erklärender Passagen symbolische Ausdrücke
- **Anaphern und Alliterationen**: Erhöhung des Wiedererkennungswerts
- **Formelhafte Wiederholungen**: zur Einprägung und Strukturierung

Beispiel aus dem Ersten Grad:

*"In the centre of the Lodge, more especially dedicated to God and Geometry, are you placed to hold the Sacred Volume."*

Diese Sprache dient nicht der Information, sondern der **Einprägung von Bedeutungsräumen**.

**Funktion der Sprache**

- **Verdichtung statt Erklärung**
- **Affirmation durch Wiederholung**
- **Erweckung von Innerlichkeit** durch Klang, Rhythmus und Struktur

Der bewusste Verzicht auf moderne Alltagssprache verhindert profane Kontextualisierung – die Sprache hebt den Raum aus der Welt heraus.

# Gestik: Rituelle Körperpraxis und symbolische Choreographie

### Exaktheit und Symbolfunktion

Jede Bewegung, jeder Händedruck, jeder Schritt ist im Emulationsritus kodifiziert. Die Gestik erfüllt mehrere Funktionen:

- **Identifikation** (Erkennungszeichen, Signale)
- **Symbolische Handlung** (etwa die drei Schläge am Grab Hiram Abifs)
- **Didaktik durch körperliche Erfahrung** (z. B. beim „rechten Winkel" des Gesellen)

### Beispiele zentraler Gesten

- **Step (Ritualschritt)**: Ausdruck des Grades; variiert je nach Grad (meist als Kombination aus Winkelschritten, Fußstellung, Armhaltung)
- **Due Guard and Sign**: Schutz- und Signalgesten; stellen symbolisch die Verpflichtung oder den Schwur dar
- **Grip (Handshake)**: Gradbezogene Handzeichen mit symbolischem Hintergrund
- **Position des Körpers**: z. B. rechte Hand über Herz, Füße im rechten Winkel – Ausdruck innerer Ordnung

Diese Gestik ist nicht psychologisierend, sondern **architektonisch-symbolisch**: Der Körper wird selbst zum Instrument des Rituals.

## Dramaturgie: Zeremonielles Erzählen und rituelles Durchleben

### Ablaufstruktur

Alle drei Grade folgen einem nahezu identischen Ablaufmuster:

1. **Eröffnung der Loge** mit spezifischer Gradformel
2. **Vorbereitung des Kandidaten**
3. **Eintritt, Prüfungen, symbolischer Gang**
4. **Gelöbnisformel**
5. **Instruktion durch Meister**
6. **Schlussformel und Entlassung**

Diese Wiederholung schafft eine **Initiationsdramaturgie**, in der jedes Ritual ein neues Kapitel der maurerischen Reifung markiert.

**Der Höhepunkt: Die Erhebung zum Meister**

Die dritte Gradzeremonie – die „Erhebung" – ist der dramatischste Moment:

- ◆ **Symbolischer Tod und Wiederauferstehung** (Hiram-Abiff-Legende)
- ◆ **Dreifache Annäherung** an das Grab
- ◆ **Verworfene Griffe und das „wahre Wort"**
- ◆ **Wiederbelebung durch den „strong grip of the Lion's Paw"**

Diese Dramaturgie vergegenwärtigt ein **mythisches Drama**, in dem der Kandidat durch das Symbol selbst transzendiert wird.

## Musik, Licht und Symbolobjekte

**Musik**

- Oftmals **nicht integraler Bestandteil** des Emulationsritus, aber in vielen Logen ergänzend verwendet
- Wenn eingesetzt: **Ein- und Auszugsstücke**, Trauermotive im dritten Grad

**Lichtsymbolik**

- **Drei große Lichter**: Volume of Sacred Law, Square, Compasses
- **Dreifache Lichtgebung** bei Aufnahme: mit symbolischer Deutung von Geist, Wille, Gewissen

- Ein- und Ausschalten der Lichter erfolgt **symbolisch exakt** mit Gradbezug

### Symbolobjekte

- **Schurz** (Apron): in Farbe und Faltung gradabhängig
- **Werkzeuge**: Hammer, Lineal, Maßstab, Meißel – stets in rituellem Bezug
- **Altartisch mit Bibel, Winkelmaß und Zirkel** als Zentrum der Loge

## Gradunterschiede und Ritualtiefe

Die drei Grade des Emulationsritus – Lehrling, Geselle und Meister – sind nicht als soziale Hierarchien zu verstehen, sondern als symbolische Stationen auf einem inneren Entwicklungsweg. Jeder Grad eröffnet eine eigene geistige Erfahrungswelt, die durch spezifische Symbole, Handlungen und Inhalte geprägt ist.

Im **ersten Grad**, dem des Lehrlings, steht der Eintritt in die Ordnung im Vordergrund. Der Suchende wird in die symbolische Welt der Freimaurerei eingeführt. Zeichen wie das Winkelmaß und die drei Säulen verweisen auf die Grundlagen der moralischen und geistigen Ausrichtung. Es ist der Grad der Aufnahme, der Orientierung und der ersten rituellen Begegnung mit dem Licht.

Der **zweite Grad**, jener des Gesellen, widmet sich der Erkenntnis und der aktiven Arbeit an sich selbst und in der Welt.

Die symbolische Treppe und die fünf Sinne führen den Bruder auf den Weg des bewussten moralischen Handelns. Dieser Grad schult das Gewissen, vertieft das Verständnis für die Ordnung und fordert zur Anwendung des Erlernten auf.

Im **dritten Grad**, dem Meistergrad, steht schließlich das Mysterium von Tod und Wiedergeburt im Zentrum. Die Gestalt Hirams, das verlorene Wort und der Löwengriff weisen auf eine existentielle Transformation hin. Hier wird das Ich überwunden, das Streben nach Reife und innerer Wahrheit erreicht seine tiefste symbolische Dimension.

Der Emulationsritus versteht diese Grade als Stationen eines Einweihungsweges. Jeder Grad erschließt nicht nur neues Wissen, sondern eine neue Erfahrungsstufe – eine vertiefte Einsicht in die Mysterien des Menschseins.

## Der Emulationsritus als Ritual der Disziplin

Der Emulationsritus ist keine improvisierte Praxis, sondern ein **architektonisch kodifiziertes Symbolsystem**. Er erhebt Struktur, Gestik und Sprache zur Schule des freimaurerischen Charakters. Seine Form ist seine Philosophie.

- **Keine Interpretation im Ritual**, sondern **Verkörperung durch Vollzug**
- **Keine freie Rede**, sondern **Liturgie der Bedeutung**
- **Keine symbolische Erklärung**, sondern **symbolisches Erleben**

Seine Wirkung beruht auf **präziser Wiederholung, innerer Disziplin und ritueller Tiefe**, die sich demjenigen erschließt, der ihn **verinnerlicht**, nicht erklärt.

## Quellen und Literatur

- Emulation Lodge of Improvement: *Standard Book of Ritual of the Three Degrees* (letzte Ausgabe)
- Dyer, Colin: *Emulation: A Ritual to Remember* (1973)
- Sadler, Henry: *Masonic Facts and Fictions* (1887)
- Carr, Harry: *The Freemason at Work* (1981)
- Hamill, John: *The Craft: A History of English Freemasonry* (1986)
- United Grand Lodge of England – Library & Museum Archiv

# Vom britischen Einigungsritus zum weltweiten Standard

Seit seiner kodifizierten Einführung durch die Lodge of Reconciliation (1813–1816) und die Institutionalisierung durch die Emulation Lodge of Improvement (ab 1823) hat sich der Emulationsritus weit über die Grenzen Englands hinaus verbreitet. Im Laufe des 19. und 20. Jahrhunderts wurde er zum **maßgeblichen Ritualsystem** innerhalb der globalen Regularitätsstruktur der **United Grand Lodge of England (UGLE)**. Dabei ist der Emulationsritus nicht bloß ein Exportmodell, sondern ein **symbolisch-kulturelles Identifikationssystem**, das britische Vorstellungen von Ordnung, Maß und Disziplin in ritualisierter Form übertrug.

## Verbreitung im britischen Weltreich

### Kolonialismus als Vehikel freimaurerischer Expansion

Die Expansion des Emulationsritus ist eng mit der Ausbreitung des britischen Empires verbunden. Britische Logen entstanden in:

- **Indien, Sri Lanka, Pakistan**
- **Australien und Neuseeland**
- **Südafrika, Nigeria, Ghana**
- **Kanada und den Westindischen Inseln**
- **Mittel- und Fernost** (u. a. Hongkong, Singapur)

In vielen dieser Regionen wurde Freimaurerei **als Teil der britischen Elitenkultur** angesehen – und der Emulationsritus diente als **rituelles Rückgrat** dieses imperialen Selbstverständnisses.

### Struktur der Verbreitung

- **District Grand Lodges** unter Aufsicht der UGLE
- Verwendung des **Standard Emulation Ritual**, angepasst an lokale Sprachen (z. B. Übersetzungen ins Französische, Urdu, Afrikaans, Swahili)
- Schulung durch Instrukteure aus London oder regionalen Emulationslogen

## Einfluss auf andere Ritualsysteme

### Dominanz im Commonwealth

Der Emulationsritus wurde in weiten Teilen des Commonwealth zur **maßgeblichen rituellen Form**. Selbst in unabhängigen Großlogen (z. B. Grand Lodge of India, Grand Lodge of New South Wales) blieb Emulation als offizielles oder alternatives System bestehen.

**Einfluss auf reguläre Großlogen auf dem europäischen Kontinent**

Insbesondere in **Deutschland, Skandinavien, Österreich und den Niederlanden** entstanden nach dem Zweiten Weltkrieg zahlreiche Logen unter dem Protektorat der UGLE oder der Grand Lodge of Scotland, die Emulationsrituale pflegen:

- **British Freemasons in Germany (BFG)**: vollständig auf Emulation ausgerichtet
- **Logen unter ACGL und GLNR (amerikanische Militärlogen in Europa)** mit modifizierten Emulationseinflüssen (Ritual der GL von New York)
- **Einzelne deutsche Logen** mit Emulation Working innerhalb des Großlogenbundes der VGLvD

## Der Emulationsritus als Regularitätsanker

### UGLE-Anerkennungskriterien

Die UGLE erkennt ausländische Großlogen nur an, wenn:

- die drei Grade und die Royal-Arch-Arbeit in „substanziell gleicher Form" erfolgen,
- das Ritual keine häretischen oder politisierten Elemente enthält,
- die innere Struktur des Rituals mit dem Emulationsritus kompatibel ist.

Der Emulationsritus wurde dadurch zur **Referenzform für Regularität.**

## Schutz vor Innovation und Reformismus

In einer Welt zunehmender freimaurerischer Reformen – etwa in Frankreich, Lateinamerika oder Teilen der deutschen humanitären Freimaurerei – bietet Emulation einen **konservativen Gegenpol.** Seine Verbreitung wirkt als **Schutzraum ritualistischer Authentizität** gegen intellektualisierende, spiritualisierende oder politisierende Varianten.

# Rezeption und symbolische Außenwirkung

### Außenwahrnehmung

- Emulation steht für **Disziplin, Ernsthaftigkeit und Regelmäßigkeit**
- Er gilt als „ursprünglich" und „nicht entstellt" – ein **authentisches Ritualmodell**
- Für viele Logen weltweit ist Emulation das **rituelle Gütesiegel der UGLE**

### Kritische Rezeption

- In kontinentaleuropäischen Systemen wird Emulation bisweilen als **dogmatisch oder unflexibel** angesehen.
- Kritiker bemängeln eine **fehlende philosophische Tiefe** im Ritual selbst (nicht jedoch in der symbolischen Reflexion).

- Emulation sei ein „Ritus der Disziplin, nicht der Interpretation".

## Beispiele internationaler Ausbreitung

### British Freemasons in Germany (BFG)

- Gegründet 1957, 19 aktive Logen in Deutschland
- Vollständige Orientierung am *Emulation Working*
- Eigene Unterweisungsstruktur nach Londoner Vorbild

### Grand Lodge of South Africa (GLSA)

- Mehrsprachiger Betrieb: Englisch, Afrikaans, Zulu
- Verwendung des Emulationsritus in allen Distrikten
- Teilweise Hybridriten (z. B. mit markmasonschen Elementen)

### District Grand Lodge of Eastern Archipelago (Malaysia/Singapur)

- Einer der aktivsten Emulation-Distrikte außerhalb Europas
- Regelmäßige Preceptors' Meetings zur Standardisierung
- Unterstützung durch Londoner Instrukteure

## Der Emulationsritus als weltweites Ritualmodell

Der Emulationsritus ist weit mehr als ein historischer Einigungsritus der englischen Freimaurerei. Er wurde zu einem **globalen rituellen Stil**, der:

1. Regularität sichtbar macht,
2. britische Freimaurerei kulturell exportiert,
3. und als **morphologisches Zentrum** der UGLE-gestützten Weltfreimaurerei dient.

Sein Einfluss ist nicht nur territorial, sondern auch **normativ** – eine Art „liturgischer Konstitution", die weltweit Orientierung bietet.

## Quellen und Literatur

- Hamill, John: *The Craft: A History of English Freemasonry* (1986)
- Dyer, Colin: *Emulation: A Ritual to Remember* (1973)
- Sadler, Henry: *Masonic Facts and Fictions* (1887)
- Carr, Harry: *The Freemason at Work* (1981)
- Grand Lodges of India, South Africa, Australia – Ritualstatuten und Regularitätsrichtlinien
- Emulation Lodge of Improvement – internationale Korrespondenzen

# Zwischen Ritualbewahrung und Modernitätsdruck

Der Emulationsritus hat sich seit seiner Kodifikation im frühen 19. Jahrhundert kaum verändert. In einer zunehmend säkularisierten, pluralisierten und digitalisierten Gesellschaft wirft das die Frage auf: **Wie zeitgemäß ist ein Ritualsystem**, das sich durch strikte Form, Auswendiglernen und sakrale Symbolik definiert? In diesem abschließenden Teil wird die **aktuelle Rolle, Wirkung und Problemstellung des Emulationsritus** innerhalb der Freimaurerei und der Gesellschaft analysiert – mit einem Ausblick auf mögliche Entwicklungen.

## Institutionelle Stellung in der Gegenwart

### Innerhalb der United Grand Lodge of England (UGLE)

- Der Emulationsritus ist **das vorherrschende Ritualsystem** der UGLE, obwohl auch andere Systeme wie Stability, Logic oder Standard Working existieren.
- Die **Emulation Lodge of Improvement** fungiert weiterhin als autoritative Quelle ritueller Instruktion und Standardisierung.
- Die **UGLE selbst unterstützt den Erhalt des Emulationsritus** durch Publikationen, Logenarbeit und internationale Kontakte.

**In der internationalen Freimaurerei**

- In den **Commonwealth-Ländern** bleibt Emulation dominierend.
- Viele **deutsche und kontinentale Logen** übernehmen Emulation als Qualitätssiegel regelmäßiger Arbeit, v. a. in Logen mit internationaler Ausrichtung.
- Innerhalb der **Book of Constitutions der UGLE** ist Emulation als Modell für die „pure and ancient Freemasonry" verankert.

## Der Emulationsritus als ritueller Identitätsanker

### Disziplin und Repetition als Wert an sich

- Der Ritus vermittelt ein Gefühl von **Ordnung, Kontinuität und Verlässlichkeit.**
- Für viele Brüder wird das **Auswendiglernen** zur persönlichen Übung in Konzentration, Selbstbeherrschung und geistiger Disziplin.
- Die **Wiederholung** der Grade offenbart immer neue Schichten, ohne dass der Ritus sich selbst verändert.

### Sakraler Ernst im Zeitalter der Beschleunigung

- Der Ritus wirkt wie ein **Gegenbild zur Schnelllebigkeit**: Er fordert Langsamkeit, Präsenz und Stille.
- Die symbolische Sprache bleibt auch in einer säkularen Welt **wirkmächtig** – gerade durch ihre Entrücktheit.

# Herausforderungen und Kritik

### Zeitlicher und kognitiver Anspruch

- **Wöchentliche Arbeit**, Auswendiglernen, ritualistische Exaktheit – für viele moderne Berufstätige schwer vereinbar mit Lebensrealität.
- **Neue Mitglieder** (v. a. jüngere Generationen) haben häufig Schwierigkeiten, sich an die non-verbalen, rituellen Lernformen zu gewöhnen.

### Zugang und Vermittlung

- Der Ritus ist **nicht selbsterklärend**. Ohne Instruktion bleibt seine Tiefe unzugänglich.
- Die Lectures, ursprünglich zentrale Unterweisung, sind heute vielerorts **in Vergessenheit geraten** oder werden nur formal rezitiert.

### Fehlende Kontextualisierung

- Moderne Brüder suchen oft nach **philosophischer oder spiritueller Einbettung**, die das Emulationsritual selbst nicht expliziert bietet.
- Der Emulationsritus überlässt **Interpretation der individuellen Reflexion**, was einerseits Freiheit bietet, andererseits Verunsicherung erzeugen kann.

# Reform oder Beharrung?

## Position der Emulation Lodge of Improvement

- Die ELoI lehnt **jede inhaltliche Reform** ab.
- Nur minimale, phonetisch begründete Anpassungen an Sprachgebrauch werden gelegentlich zugelassen (z. B. bei Aussprache oder Satzmelodie).
- Diese **rigorose Beharrung auf Originalität** wird von Befürwortern als „Hüterfunktion", von Kritikern als „Ritualdogmatismus" bezeichnet.

## Mögliche Entwicklungen

- **Parallele Unterweisungssysteme** gewinnen an Bedeutung (Seminare, Online-Lehrplattformen, symbolphilosophische Begleittexte).
- **Digitale Lehrmittel** (Video-Demonstrationen, Visualisierungen) ergänzen traditionelle Instruktionsformen – allerdings außerhalb der rituellen Arbeit.
- In internationalen Kontexten zeigt sich ein **interessanter Dualismus**: Die ritualistische Orthodoxie wird zunehmend durch **philosophische Diskussionsformate außerhalb der Grade** ergänzt (z. B. Logenabende zur Symboldeutung).

## Das Paradoxon der Modernität

Der Emulationsritus erscheint im 21. Jahrhundert auf den ersten Blick wie ein Anachronismus – streng, formell, beinahe aus der Zeit gefallen. Doch gerade diese Eigenschaften verleihen ihm eine unerwartete Modernität. Seine rituelle Strenge mag altmodisch wirken, doch sie bietet dem Einzelnen in einer unübersichtlichen Welt Orientierung und Halt. Die Forderung nach auswendiger Beherrschung der Texte erscheint formal und schwerfällig, dient aber zugleich der Schulung innerer Disziplin und Konzentration.

Sein Symbolismus mag kryptisch erscheinen, doch gerade in dieser Vieldeutigkeit öffnet sich ein weites Feld der Deutung, das den Einzelnen zur eigenen Sinnsuche einlädt. Die beharrliche Bewahrung der Form wirkt auf Außenstehende womöglich starr und unflexibel – doch sie schafft eine kulturelle Kontinuität, die über Generationen hinweg trägt und verbindet.

In einer Zeit, in der sich viele überkommene Formen auflösen, wächst zugleich das Bedürfnis nach archetypischer Ordnung, nach sinnstiftender Wiederholung und nach der Tiefe authentischer Erfahrung. Die eigentliche Stärke des Emulationsritus liegt in genau diesem Spannungsfeld: Er ist kein Relikt der Vergangenheit, sondern ein lebendiger Resonanzraum für das spirituelle Bedürfnis des modernen Menschen.

## Die rituelle Schule der Maßhaltung

Der Emulationsritus ist kein Erklärungsmodell, sondern ein **Erfahrungsweg**. Seine Stärke liegt in der **Wiederholung des Wesentlichen**, der **Form als Lehrer** und der **Stille als Medium der Bedeutung**. Für die Freimaurerei des 21. Jahrhunderts bietet er:

- eine **verlässliche rituelle Ordnung**,
- eine **sakrale Ernsthaftigkeit** in einer säkularen Welt,
- und ein **symbolisches Bildungsprogramm**, das nicht in Worten, sondern in Gesten, Blicken und Schweigen wirkt.

Ob er jedoch auch zukünftige Generationen in derselben Form erreichen wird, hängt davon ab, ob es gelingt, **die symbolischen Schlüssel neu zu überreichen**, ohne die rituellen Türen zu verändern.

## Quellen und Literatur

- Emulation Lodge of Improvement: *Working Ritual of the Three Degrees*, aktuelle Ausgabe
- Dyer, Colin: *Emulation: A Ritual to Remember* (1973)
- Hamill, John: *The Craft: A History of English Freemasonry* (1986)
- United Grand Lodge of England: *Guidance Notes for Emulation Lodges* (2023)
- Interviewmaterial aus dem *Freemasonry Today* Magazine (aktuelles Organ der UGLE)

# Wesen und Zweck der Lectures im Emulationsritus

## Begriffsklärung und Funktion

Der Begriff **„Lectures"** (lat. *lectiones* = Lesungen, Vorträge) bezeichnet im freimaurerischen Kontext ein **fest strukturiertes System von Frage-und-Antwort-Dialogen**, die zur **symbolischen, moralischen und historischen Erklärung** der rituellen Grade dienen. Im Emulationsritus sind die Lectures keine bloßen Anmerkungen zum Ritual, sondern ein **eigenständiger, rituell performativer Bestandteil** des freimaurerischen Lehrsystems.

Sie sollen nicht belehren im Sinne diskursiver Theorie, sondern **das rituell Erlebte vertiefen, deuten und verankern** – durch Wiederholung, Einprägung und symbolische Verdichtung.

## Verortung innerhalb des Emulationsritus

Die Lectures nehmen im Emulationsritus eine **besondere Stellung** ein:

- Sie sind **nicht Teil der eigentlichen Aufnahme-, Beförderungs- oder Erhebungszeremonien**, sondern werden gesondert in sogenannten **Instruction Meetings** oder **Lodges of Improvement** durchgeführt.

- Sie gelten als **offizieller Lehrkanon** der drei symbolischen Grade (Entered Apprentice, Fellow Craft, Master Mason).

- In traditionellen Logen wurden sie **regelmäßig rezitiert**, heute meist nur noch von spezialisierten Logen
wie der **Emulation Lodge of Improvement (ELoI)** in
London.

## Zielsetzung der Lectures

Die Lectures verfolgen mehrere miteinander verbundene Ziele:

1. **Wissensvermittlung**: Sie liefern definitorische und
symbolische Erklärungen zu Begriffen, Werkzeugen,
Gebräuchen und Zeichen.

2. **Moralisch-ethische Schulung**: Durch allegorische
Deutungen regen sie zur Selbstreflexion an – z. B. über
Maß, Pflicht, Brüderlichkeit und das Streben nach
Erkenntnis.

3. **Rituelle Vertiefung**: Sie schaffen eine geistige Kontinuität zum Gradritual und fördern das „Verstehen
durch Wiedererinnerung".

4. **Einübung symbolischer Sprache**: Die präzise strukturierte Form der Lectures bringt Brüder dazu,
symbolisch zu denken und sich der Sprache des Rituals
anzunähern.

## Besonderheit im Emulationssystem

Der Emulationsritus unterscheidet sich von anderen Systemen wie z. B. dem französischen Rite Moderne oder dem deutschen Schröderschen System darin, dass er **keine explizite Kommentierung im Ritual selbst** enthält. Die Lectures füllen diese Lücke – jedoch **nicht als Theorie**, sondern als **rituell organisierte Erfahrungssprache**.

Sie ersetzen nicht das Ritual, sie **deuten es in symbolischer Logik** nach – ohne dass eine philosophische Interpretation vorgegeben wird. Vielmehr entsteht ein **geistiger Resonanzraum**, in dem der Bruder seine eigenen Deutungen mit dem Gelernten in Verbindung bringt.

## Bedeutung für die freimaurerische Entwicklung

In ihrer idealen Form bilden die Lectures einen **Lehrpfad durch die Grade**. Sie entsprechen einer dreifachen Einübung:

- **im sprachlichen Ausdruck des Symbols,**
- **in der körperlich-geistigen Disziplin des Vortrags,** und
- **im seelischen Nachvollzug der freimaurerischen Idee.**

In der klassischen Auffassung stellt sich ein Freimaurer erst dann als „vollständig gebildet" im jeweiligen Grad dar, **wenn er nicht nur das Ritual vollzogen, sondern auch die zugehörige Lecture gelernt oder gehört hat.**

Die Lectures im Emulationsritus sind keine Beigabe, sondern ein **zentraler, oft übersehener Bestandteil** des Systems. Sie bilden das **didaktische Rückgrat** der Ritualarbeit, ohne dogmatisch zu sein. Ihr Ziel ist nicht Belehrung, sondern **Einprägung symbolischer Struktur**, die den Bruder in einen **inneren Dialog mit dem Ritual** versetzt.

## Ursprünge im frühen 18. Jahrhundert

Die Ursprünge der freimaurerischen Lectures lassen sich bis in das frühe 18. Jahrhundert zurückverfolgen. Bereits in den ersten bekannten Ritualdokumenten der spekulativen Freimaurerei – wie den **„Old Charges"** (ab dem 14. Jahrhundert) und später in der **„Grand Mystery of Free-Masons Discovered"** (1724) oder **Samuel Prichards „Masonry Dissected"** (1730) – finden sich Elemente des **fragegestützten Unterweisungsformats**, das später zum Markenzeichen der Lectures wurde.

Diese frühen Texte enthalten bereits:

- Definitionen der Werkzeuge und Grade,
- moralische Einordnungen des Lehrlingsstatus,
- sowie symbolische Erklärungen zu Logenarchitektur und Lichtern.

Die Fragestellungen dienten der Prüfung, ob ein Bruder „in Ordnung" sei – also in einem bestimmten Grad eingeweiht und im Besitz der entsprechenden Zeichen, Worte und Bedeutungen.

## Systematisierung im 18. Jahrhundert

Ab etwa **1740** wurden diese Frage-Antwort-Formen zunehmend **systematisiert** und als Bestandteil des rituellen Unterrichts angesehen. Vor allem in den sogenannten „**Exposés**" des 18. Jahrhunderts – etwa:

- *Jachin and Boaz* (1762),
- *The Three Distinct Knocks* (1760),
- *Ahiman Rezon* von Laurence Dermott (1756, Antient Grand Lodge) –

wurde das **katechetische Format** etabliert, bei dem jede Gradstufe durch mehrere symbolisch-moralische Abschnitte erläutert wurde. Diese Lectures waren **zugleich Prüfung, Schulung und Einweihungsvertiefung**.

## Einfluss der Antient Grand Lodge

Die **Antient Grand Lodge of England** (1751–1813) legte besonderen Wert auf das ritualgetreue Arbeiten, einschließlich regelmäßiger **Lectures in Form von Fragen und Antworten**. In ihrer Tradition – maßgeblich durch Dermott beeinflusst – waren die Lectures integraler Bestandteil des Lehrsystems.

Diese Form überlebte in abgeschwächter Weise sogar die Union von 1813. Viele Formulierungen, symbolische Bezüge und Vortragsstrukturen der heutigen Emulation Lectures tragen **deutlich antiente Züge**.

## Die Lodge of Reconciliation und die Vereinheitlichung

Die 1813 vollzogene Union zwischen der Antient Grand Lodge und der Premier Grand Lodge machte eine Vereinheitlichung der Rituale notwendig. Die dafür gegründete **Lodge of Reconciliation** (1813–1816) entwickelte nicht nur das neue Standardritual, sondern arbeitete auch an der **Harmonisierung der Lectures**.

Wichtige Merkmale dieser Reform waren:

- die Beibehaltung des Frage-Antwort-Prinzips,
- die Neugestaltung der inhaltlichen Struktur in **Sections**,
- die symbolisch durchkomponierte Zuordnung zu den drei Graden,
- eine sprachlich liturgische Vereinheitlichung.

Obwohl keine vollständigen Aufzeichnungen dieser Arbeit veröffentlicht wurden, flossen ihre Ergebnisse in den spätere kanonische Textbestand der **Emulation Lodge of Improvement** ein.

### Rolle der Grand Stewards' Lodge

Nach Auflösung der Lodge of Reconciliation wurden die Lectures über einige Jahrzehnte von der **Grand Stewards' Lodge** weiter gepflegt und öffentlich demonstriert. Die Mitglieder dieser exklusiven Londoner Instruktionsloge trugen die Inhalte im Rahmen besonderer Meetings vor und sicherten so den Fortbestand der vereinheitlichten Lecture-Tradition.

Allerdings ließ diese Praxis in den 1860er Jahren nach – unter anderem durch veränderte logistische und personelle Bedingungen.

## Gründung der Emulation Lodge of Improvement (1823)

Bereits **vor dem Rückzug der Grand Stewards' Lodge** entstand mit der Gründung der **Emulation Lodge of Improvement (ELoI)** im Jahr 1823 eine neue Institution, deren Hauptaufgabe in der:

- **Bewahrung und Weitergabe** des standardisierten Rituals,
- sowie in der **Demonstration der Lectures** bestand.

Die ELoI übernahm die Vorlagen aus der Reconciliation-Zeit und die geübten Formen der Stewards' Lodge, organisierte sie neu und **etablierte die heutige kanonische Gestalt der Lectures**.

Diese Lectures sind:

- autoritativ geregelt,
- in 15 Sections unterteilt (für drei Grade),
- durch Preceptoren unterrichtet,
- und werden bis heute regelmäßig demonstriert – wenn auch nicht mehr in allen Logen.

# Neuzeitliche Entwicklungen

Seit dem späten 19. Jahrhundert wurden die Lectures zwar **nicht verändert**, aber in ihrer Praxis **zurückgedrängt**:

- Der logistische Aufwand ist hoch (Zeit, Vorbereitung, Kenntnis der Texte).
- Viele Logen sehen in der rituellen Handlung bereits das „Erlebnis", nicht die Erklärung.
- Die ELoI blieb daher eine Art **rituelle Hüterin**, während in regulären Logen nur noch Abschnitte oder ausgewählte Fragen verwendet wurden.

Gedruckte Fassungen – etwa bei **Lewis Masonic** – ermöglichen heute interessierten Brüdern dennoch den Zugang zum vollständigen Textbestand.

Die Lectures im Emulationsritus sind das Ergebnis einer langen Entwicklung von mündlicher Prüfung hin zu ritueller Symbolunterweisung. Ihre Wurzeln reichen in die Frühzeit der spekulativen Freimaurerei zurück, ihre Gestalt wurde durch die Union von 1813 geprägt, und ihre Bewahrung verdanken sie der konsequenten Arbeit spezialisierter Logen. Als **symbolisch-didaktisches System** sind sie einzigartig in der Weltfreimaurerei – eine Brücke zwischen Ritual, Wissen und innerer Verwandlung.

## Ursprünge der katechetischen Form

Die Struktur der Lectures im Emulationsritus basiert auf einem **Frage-und-Antwort-System**, das sich aus älteren pädagogischen und religiösen Traditionen herleitet. Insbesondere zwei Vorbilder sind prägend:

- der **christliche Katechismus**, etwa in der anglikanischen oder lutherischen Form, zur Einführung von Kindern in Glaube, Ethik und liturgisches Wissen,
- die **mittelalterliche Scholastik**, in der Theologen über „quaestiones disputatae" Wahrheit durch strukturierte Fragelogik suchten.

Diese Systeme zielten nicht auf Diskussion, sondern auf **Einprägung durch ritualisierte Wiederholung**. Sie verlangten keine Interpretation, sondern Wiederholung im vollen Bewusstsein der Bedeutung – ein Prinzip, das auch die Lectures leitet.

## Strukturprinzip der Lectures

Die Lectures sind in **Fragen (Q)** und **Antworten (A)** aufgebaut. Der Instrukteur – oft als „Lecturer" oder „Master" bezeichnet – stellt die Fragen, ein oder mehrere Brüder antworten exakt und vollständig.

Beispiel (aus dem 1. Grad, sinngemäß):

**Q**: *What are the Three Great Lights in Freemasonry?*
**A**: *The Volume of the Sacred Law, the Square, and the Compasses.*

Dieses Format hat drei Funktionen:

- ◆ **Didaktische Reduktion**: Komplexe Inhalte werden auf klar formulierbare Sinnkerne verdichtet.
- ◆ **Aktive Rezeption**: Der Zuhörer ist nicht passiv, sondern rituell eingebunden.
- ◆ **Einprägung**: Durch Wiederholung und Rhythmus wird der Inhalt verinnerlicht.

## Rituelle Funktion der Form

Die Frage-Antwort-Struktur dient im Emulationsritus nicht nur der Wissensvermittlung, sondern hat eine **symbolische und rituelle Funktion**:

- Sie stellt den **Fortschritt des Bruders durch Erkenntnis** dar: Wissen ist ein Weg, kein Besitz.
- Sie macht aus dem Ritual **eine lebendige Schule** – nicht des Intellekts, sondern der Haltung.
- Sie bildet ein **kollektives Gedächtnis**: Die Brüder wissen gemeinsam, was sie verbindet.

Zudem ist jede Antwort **sprachlich exakt vorgeschrieben** – Abweichungen sind nicht erlaubt. Damit wird **rituelle Disziplin** eingeübt, zugleich aber auch eine **Einheit der Deutungssprache** gewahrt.

## Pädagogik durch rituelle Repetition

Die Lectures beruhen auf einem **prämodernen Lernverständnis**: Lernen ist nicht Erkenntnissprung, sondern **Verwandlung durch Wiederholung**. In dieser Form ist die Wahrheit **nicht individuell, sondern traditionell überliefert**.

Im freimaurerischen Kontext bedeutet das:

- Die Form **bildet** den Menschen – durch Haltung, Sprache, Aufmerksamkeit.
- Die symbolischen Inhalte werden **nicht gedeutet**, sondern **durch Sprache erschlossen**.
- Das Ziel ist nicht Interpretation, sondern **Verinnerlichung**.

Dieses Prinzip unterscheidet sich grundlegend von modernen, diskursiven Lernformaten.

## Formale Komposition

Die Lectures sind in **Sections (Abschnitte)** gegliedert, von denen jede einen Themenbereich abdeckt. Innerhalb einer Section sind die Fragen **progressiv aufgebaut** – von grundlegenden Definitionen über rituelle Details hin zu moralisch-symbolischer Bedeutung.

Beispiel für eine Progression (sinngemäß):

1. *What is a Freemason?*
2. *What are his duties?*
3. *How is a Lodge situated?*
4. *What is the form of the Lodge?*
5. *Why that form?*

Diese Anordnung zeigt: Die Lectures sind **nicht Aufzählungen**, sondern **symbolische Pfade**, die Schritt für Schritt von der äußeren Form zur inneren Idee führen.

## Rhetorik und Wirkung

Die Lectures sind **sprachlich rhythmisiert**, mit wiederkehrenden Formeln und metrisch klaren Sätzen. Das erzeugt:

- **Klanghaftigkeit**, die das Gedächtnis unterstützt
- **Feierlichkeit**, die die innere Haltung prägt
- **Stilistische Geschlossenheit**, die auch bei längeren Sitzungen Aufmerksamkeit bündelt

So wird das bloße Fragen zu einer **ritualisierten Form der Erinnerung** – und das Erinnern zum **geistigen Ritual**.

Die Lectures des Emulationsritus sind ein Meisterstück **katechetischer Strukturierung**: Ihre Form dient nicht bloß der Wissensübermittlung, sondern ist selbst Teil des Rituals. Indem sie Fragen stellen, **konfrontieren sie** – nicht im Sinne der Prüfung, sondern der Einweihung. Indem sie Antworten geben, **öffnen sie Räume**, die der Bruder selbst durchschreiten muss. Dieses Frage-und-Antwort-System ist somit **pädagogischer Träger**, **ritueller Spiegel** und **symbolisches Werkzeug** zugleich.

## Systematik und Strukturprinzip

Die Lectures des Emulationsritus sind in **drei Hauptgruppen** untergliedert, entsprechend den drei symbolischen Graden der Freimaurerei:

1. **Entered Apprentice (1° – Lehrling)**
2. **Fellow Craft (2° – Geselle)**
3. **Master Mason (3° – Meister)**

Die Lectures des Emulationsritus gliedern sich in drei Gruppen, die den drei symbolischen Graden entsprechen: dem Lehrling, dem Gesellen und dem Meister. Innerhalb dieser Gruppen erfolgt eine weitere Unterteilung in sogenannte Sections, also Abschnitte. Jeder dieser Abschnitte behandelt ein in sich geschlossenes Thema, das durch eine strukturierte Folge von Frage-und-Antwort-Sequenzen entfaltet wird. Diese Form zwingt zur aktiven Auseinandersetzung mit den Inhalten und führt durch Wiederholung und Ritualisierung zu einer tiefen Verankerung des symbolischen Wissens.

Insgesamt umfassen die Lectures fünfzehn solcher Abschnitte. Der erste Grad, der des Lehrlings, enthält sieben Sections. Diese befassen sich mit grundlegenden Themen wie dem Ursprung der Freimaurerei, der Bedeutung der Werkzeuge, der Erfahrung des Lichts, dem Aufbau der Loge sowie den moralischen Pflichten des Freimaurers.

Der zweite Grad, jener des Gesellen, besteht aus fünf Sections. Hier stehen die fünf Sinne, die geometrischen Grundlagen, architektonische Symbolik, die symbolische Treppe und das Prinzip der Arbeit im Zentrum. Diese Themen führen den Bruder tiefer in die praktische und geistige Welt der Baukunst und Erkenntnis.

Im dritten Grad, dem des Meisters, finden sich drei Sections. Sie widmen sich dem zentralen Mysterium der freimaurerischen Symbolik: der Figur Hiram Abiff, der allegorischen Darstellung von Tod und Wiedergeburt sowie der Suche nach dem wahren Wort.

Diese gestufte Einteilung folgt der klassischen Progression von der äußeren Form zur inneren Reife, vom sichtbaren Werkzeug zur verborgenen Wahrheit. Jeder Abschnitt ist nicht nur ein Lehrstück, sondern eine Etappe auf dem Weg zur Selbsterkenntnis.

## Aufbau der Sections im 1. Grad (Lehrling)

Die sieben Sections des ersten Grades führen den neu aufgenommenen Bruder in die Grundlagen der Freimaurerei ein:

1. **Definition des Freimaurers**:
   Was ist ein Freimaurer? Was sind seine Pflichten?

2. **Ausrichtung und Struktur der Loge**:
   Wie ist die Loge beschaffen? Welche Form, Ausrichtung, Dimensionen?

3. **Drei großen Lichter**:
   Volume of Sacred Law, Square, Compass – Bedeutung und Platzierung.

4. **Werkzeuge und ihre symbolische Bedeutung**:
   Hämmer, Schurz, Maß – praktische und moralische Funktionen.

5. **Drei Säulen**:
   Weisheit, Stärke, Schönheit – allegorische Auslegung.

6. **Wächter und deren Funktion**:
   Rolle der Beamten, insbesondere der Aufseher und des Meisters.

7. **Moralisches Verhalten und Pflichten**:
   Verhalten im Tempel, im Alltag, gegenüber Brüdern und der Gesellschaft.

Diese Sections enthalten insgesamt über **150 Frage-Antwort-Paare**, die dem Lehrling ein vollständiges rituelles Weltbild vermitteln.

## Aufbau der Sections im 2. Grad (Geselle)

Die fünf Sections des zweiten Grades befassen sich mit der **geistigen und moralischen Entwicklung** des Menschen. Der Fokus liegt auf:

1. **Die fünf Sinne und ihre Rolle in der Erkenntnis**
2. **Die sieben freien Künste und Wissenschaften**
3. **Geometrie und Architektur – allegorisch und operativ**
4. **Die „Wendeltreppe" (winding staircase)**
   Symbol des Fortschritts durch Disziplin und Streben
5. **Symbolische Werkzeuge des Gesellen und moralische Arbeit**

Die Lectures des Gesellengrades gelten als die **lehrhaftesten** im Emulationssystem. Sie bringen praktische Ethik und intellektuelle Tugend in harmonischen Zusammenhang.

## Aufbau der Sections im 3. Grad (Meister)

Die Lectures des dritten Grades bilden den **rituell-symbolischen Höhepunkt**. Sie bestehen aus nur drei Sections, sind aber thematisch tiefgreifend:

1. **Die Legende von Hiram Abiff**
   – symbolischer Tod, Opfer, Standhaftigkeit

2. **Das „wahre Wort"**
   – Verlust, Suche und Erneuerung durch das „Substitut"

3. **Unsterblichkeit der Seele**
   – Allegorie des Lebens, der Arbeit und des Wiedererwachens

Hier tritt der freimaurerische Lehrweg endgültig in den Bereich des **Mysteriums und der Transzendenz.**

## Lehrlogik der Gliederung

Die Gliederung der Lectures ist **nicht bloß thematisch**, sondern **initiatisch** angelegt:

- Der **1. Grad** schafft die rituelle und symbolische Grundordnung.
- Der **2. Grad** hebt den Menschen auf die Ebene von Erkenntnis, Arbeit und Maß.

- Der **3. Grad** konfrontiert ihn mit der Grenze seines Daseins – und mit der Möglichkeit des geistigen Fortbestehens.

Jede Lecture setzt das Vorhergehende voraus und **transzendiert es durch symbolische Tieferlegung**. Diese spiralförmige Tiefenbewegung ist **nicht linear**, sondern erfahrungsbasiert – durch Übung, Wiederholung und Innenschau.

## Formaler Ablauf der Demonstration

Bei vollständiger Darbietung werden:

- Fragen vom **Preceptor** gestellt,
- Antworten **szenisch** von Brüdern gegeben, oft im Wechsel,
- Sektionen **als Ganzes vorgetragen**, mit optionalen Pausen zur Reflexion,
- bestimmte Passagen **mehrfach wiederholt**, z. B. im dritten Grad,
- rituelle Körperhaltungen beibehalten, z. B. gefaltete Hände, stehender Vortrag.

Eine vollständige Lecture-Vorführung eines Grades kann **über eine Stunde** dauern – und ist in ihrem Ernst und ihrer Konzentration ein rituelles Ereignis eigener Art.

Der Aufbau der Lectures folgt einer **strengen initiatischen Ordnung**, die vom Sichtbaren zum Unsichtbaren, vom Äußeren zum Inneren führt. Ihre Gliederung ist **nicht didaktisch im modernen Sinn**, sondern **architektonisch-symbolisch**: ein Tempel aus Sprache, der den Bruder formt und erhebt. Wer die Lectures durchdringt, wird **nicht gelehrt, sondern geformt** – im Geiste des Emulationsritus.

## Der Gesellengrad als Lehrweg des Maßes und der Erkenntnis

Im Emulationsritus ist der zweite Grad, jener des **Fellow Craft** oder **Gesellen**, derjenige, der den Freimaurer in die **geistige Arbeit am eigenen Bau** einführt. Während der erste Grad das Fundament legt – moralisch, symbolisch und rituell –, öffnet der zweite Grad die Türen zur **Vertiefung, Struktur und geistigen Ordnung**. Die zugehörigen Lectures vertiefen diese Etappe mit einem Fokus auf **Wahrnehmung, Wissen, Kunst und moralisch strukturierte Disziplin**.

Die fünf Sections der 2°-Lectures führen von der physischen Wahrnehmung des Menschen zur geistigen Architektur des Tempels der Menschheit.

# Section I: Die fünf Sinne und deren moralische Bedeutung

Diese erste Lecture-Sektion erläutert:

- **Sehen, Hören, Riechen, Schmecken, Tasten**
  als Grundlagen der Erkenntnisfähigkeit des Menschen.

- Der Schwerpunkt liegt auf **Sehen und Hören**, da diese Sinne im Ritual besonders aktiviert werden:

  - *„Seeing the Light"*
  - *„Hearing the Word"*
- **Symbolische Deutung**:

  - Der Tastsinn ist besonders wichtig für das Erkennen im Dunkeln.
  - Der Sehsinn steht für Erkenntnis, der Hörsinn für Gehorsam und Lehrfähigkeit.

Diese Sinneslehre betont: Der Geselle ist ein **wahrnehmender Arbeiter an sich selbst** – wach, aufmerksam, unterscheidend.

## Section II: Die sieben freien Künste und Wissenschaften

Diese Lecture basiert auf dem mittelalterlichen Bildungskanon und gliedert sich in:

- **Trivium**: Grammatik, Rhetorik, Logik
- **Quadrivium**: Arithmetik, Geometrie, Musik, Astronomie

Die zentrale Lehre lautet:

*„Geometry is the foundation of Freemasonry, being the basis upon which the superstructure is erected."*

**Deutung:**

- Grammatik: Reinheit der Sprache → Reinheit des Denkens
- Logik: Ordnung des Verstandes → Ordnung des Handelns
- Geometrie: Maß, Struktur, göttliches Weltgesetz → Symbol der freimaurerischen Ordnung

Diese Passage offenbart die **intellektuelle Seite des Gesellengrades** – der Mensch als wissender, messender, reflektierender Baumeister.

## Section III: Die allegorische Bedeutung der Geometrie

Diese Section verknüpft Geometrie mit:

- **Göttlicher Ordnung**: das Maß aller Dinge als göttliche Idee
- **Freimaurerischer Arbeit**: „der aufrechten Linie" und dem „rechten Winkel"
- **Maßnahme und Selbstbeherrschung**: der Mensch wird gemessen – und misst sich selbst

Ein zentraler Satz lautet:

*"The Square teaches us to regulate our actions, and the Compasses to keep us within due bounds with all mankind."*

Die geometrische Ordnung wird hier zu einem **moralischen Kosmos**, in dem der Geselle zu wandeln beginnt.

## Section IV: Die Treppe mit drei, fünf und sieben Stufen

Diese komplexe Passage ist eine der tiefsinnigsten im Emulationssystem.

- **Drei Stufen**: Weisheit, Stärke, Schönheit – die göttlichen Attribute des Bauplans
- **Fünf Stufen**: Fünf Sinne – praktische Umsetzung im Menschen
- **Sieben Stufen**: Die sieben freien Künste – geistige Vollendung

Die Treppe wird nicht äußerlich erklommen, sondern **innerlich durchschritten**. Der Geselle wird aufgefordert:

- Maß zu halten
- sich zu bilden
- sich geistig zu disziplinieren

Diese Symbolik ist der geistige Gegenpol zur „winding staircase" im Tempel Salomos – einer der Schlüsselbilder des Fellow Craft.

## Section V: Die Arbeit des Gesellen

Diese abschließende Section behandelt:

- Die Werkzeuge des Gesellen (insbesondere das Maß und der Meißel)
- Die moralischen Tugenden der **Emsigkeit, Redlichkeit und Genauigkeit**
- Die Pflicht, das Werk nicht nur zu beginnen, sondern **in rechter Weise fortzusetzen**

Zitat aus der Lecture (sinngemäß):

*"The Fellow Craft is he who perfects what the Apprentice has begun, who prepares the stone to fit in the Temple not made with hands."*

Das Werk des Gesellen ist **kein äußerer Bau**, sondern **die Arbeit an der eigenen Form**, an Charakter, Geist und Verhalten. Der Geselle ist das Bindeglied zwischen Anfang und Vollendung.

### Zusammenfassung der Themenkomposition

Die Lectures des zweiten Grades entfalten eine thematische Komposition, in der zentrale Aspekte des Menschseins in symbolischer Form aufgegriffen und miteinander verwoben werden. Die fünf Sinne stehen für die leiblich-konkrete Zugangsweise zur Welt – der Körper wird als Medium der

Wahrnehmung ernst genommen. Die sieben freien Künste verweisen auf den Geist, auf Bildung, Struktur und Erkenntnisfähigkeit, die den Menschen über das bloße Dasein hinausheben.

Die Geometrie erscheint als Maßprinzip und Ausdruck einer göttlichen Ordnung, in der das Universum nicht nur mathematisch, sondern auch moralisch durchdrungen ist. Die symbolische Treppe wiederum steht für den Weg – sie markiert die Etappen der Einweihung, jede Stufe ein Fortschritt im Inneren wie im Äußeren. Schließlich wird in der Arbeit mit den Werkzeugen das ethische Moment offenbar: Erkenntnis allein genügt nicht – sie will zur Tat werden, zur Gestaltung, zur Verantwortung.

Die Lectures des Gesellengrades verbinden anthropologische, kosmologische und moralische Elemente zu einem dichten Bildungsweg, der auf Selbstdisziplin, Erkenntnis und geistige Ordnung zielt. Sie bilden die geistige Mitte des Emulationssystems und verkörpern einen freimaurerischen Humanismus, in dem Wissen und Ethik, Ordnung und Selbstveredelung Hand in Hand gehen. Hier zeigt sich die Freimaurerei nicht als bloßes Geheimnis, sondern als ein Weg zur eigenen Form – geometrisch, sittlich und initiatisch.

Der Geselle ist in diesem Verständnis kein bloßer Suchender mehr. Er ist ein Wissender in Arbeit – einer, der gelernt hat, dass Erkenntnis Verpflichtung bedeutet.

## Der dritte Grad als rituelle Schwelle

Im Emulationsritus ist der **dritte Grad** der Höhepunkt und die Schwelle zwischen dem äußeren Werk und dem inneren Geheimnis. Während Lehrling und Geselle den Menschen als Werkstück formen und bilden, konfrontiert der **Meistergrad** ihn mit der **Grenze des Lebens** – mit dem **Tod, der Erinnerung und der Wiedergeburt**. Die Lectures dieses Grades geben keine Erklärungen im rationalen Sinne. Sie sind **Verdichtungen** und **symbolische Spiegelungen** einer Erfahrung, die durch das Ritual selbst durchlebt wird. Ihre Sprache ist dunkler, gewichtiger, mit Pathos geladen – denn sie sprechen das **Unaussprechliche** symbolisch aus.

### Struktur der Lectures zum 3. Grad

Die Lectures bestehen in diesem Grad aus **drei Sections**, die folgende Schwerpunkte behandeln:

1. Die Legende um **Hiram Abiff**
2. Das **verlorene Wort** und seine Substitution
3. Die **Unsterblichkeitslehre und geistige Vollendung** des Meisters

Diese drei Sections bilden **eine rituelle Triade**: Opfer – Suche – Erkenntnis.

## Section I: Die Hiram-Legende

Diese Lecture beginnt mit der **Wiedererzählung** der zentralen mythologischen Episode der spekulativen Freimaurerei:

- Der Bau des Tempels zu Jerusalem unter König Salomo
- Hiram Abiff, der Meister der Baukunst
- Sein Weigern, das „Wort" preiszugeben
- Die drei Mörder (symbolisiert durch die „ruffians": Jubela, Jubelo, Jubelum)
- Der symbolische Tod Hirams durch Schlag, Stoß und Verwundung
- Die Bergung des Leichnams und die Verhüllung des wahren Wortes

**Deutungsebene der Lecture:**

- Hiram steht für **Treue bis zum Tod** – er opfert sich für ein Prinzip.
- Die Mörder stehen für **ungezügelte Begierde, Gewalt und Verführung**.
- Der Bruder lernt: *Wahrheit kann nicht erzwungen, sondern muss verdient werden.*

Diese Erzählung wird nicht bloß als Bericht vorgetragen – sie ist **symbolische Repetition der Zeremonie selbst**, ein **rituelles Nacherleben in Sprache**.

## Section II: Das verlorene Wort

Diese Lecture behandelt das geheimnisvollste Element des dritten Grades: die **Verlorenheit des „wahren Wortes"**.

- Das ursprüngliche „Wort" ist verloren – sei es durch den Tod Hirams oder durch den moralischen Zustand der Menschheit.
- Es wird ein **Ersatzwort (substitute word)** eingeführt – oft in rituell flüsternder Form.
- Die „Stimme" des Wortes bleibt erhalten, sein Sinn aber muss neu errungen werden.

**Symbolische Lehre:**

- Das „Wort" ist mehr als ein Laut: Es ist das **Prinzip der Erkenntnis**, der **unaussprechliche Name**, das **innere Licht**, das in jedem Meister neu geboren werden muss.
- Die Substitution ist kein Verrat, sondern ein **Zwischenzustand der Menschheit**: ein Zeichen, dass wir suchen, statt zu besitzen.

Diese Passage der Lectures ist besonders dicht: Sie spielt mit **Sprachsymbolik, theologischer Tiefe** und dem **Erlebnis der Leerstelle**. Wer das Wort nicht hat, **ist aufgerufen, das Leben selbst als Schrift zu lesen**.

## Section III: Unsterblichkeit, Auferstehung und geistige Vollendung

Diese Section zieht die **geistig-initiatische Konsequenz** aus der Hiram-Legende:

- Der Meister wird nicht wiederbelebt im physischen Sinne, sondern **wiedererweckt im geistigen Sinne**.
- Die Erhebung durch den Griff der Löwentatze („Lion's Paw") ist **ein Symbol der Transzendenz**.
- Der Meister stirbt symbolisch, um als neuer Mensch **in einer höheren Ordnung** zu erwachen.

Zentrale Themen:

- **Vergänglichkeit des Körpers**, Unvergänglichkeit des Geistes
- **Sieg des Schweigens über die Forderung**
- **Licht, das nur durch das Dunkel hindurch empfunden werden kann**

Zitat (sinngemäß):

*"From the grave of loss and death arises the Master, not in flesh, but in spirit, bearing the memory of Hiram and the Word he guarded."*

Diese Section bringt den Ritualweg des Emulationssystems an seine **schweigende Grenze**. Sie deutet: Das letzte Geheimnis kann nicht gesagt, nur **gelebt** werden.

## Zusammenfassung der Symbolik

Die Symbolik des Meistergrades im Emulationsritus verdichtet zentrale Themen menschlicher Existenz und geistiger Wandlung zu einem kraftvollen Bildkosmos.

Im Zentrum steht die Gestalt Hirams – des Baumeisters des salomonischen Tempels. Er verkörpert das Ideal der Schöpfung, das Opfer für die Wahrheit und die Treue zum göttlichen Plan. Sein Tod ist nicht nur eine Tragödie, sondern ein Mysterium: Der Meister stirbt nicht zufällig, sondern als Zeuge des Lichts.

Die drei Mörder, die Hiram erschlagen, stehen sinnbildlich für Kräfte der Zerstörung – für Missbrauch, Gewalt und vor allem für Unwissenheit. In ihnen offenbart sich die dunkle Seite der menschlichen Natur, jene Kräfte, die dem Geist und der Wahrheit entgegenwirken.

Das verlorene Wort, das in diesem Grad gesucht wird, symbolisiert die höchste Erkenntnis, die göttliche Wahrheit, den unaussprechlichen Namen – jenen Sinn, der hinter allen Dingen liegt und der im Tempel des Geistes wiedergefunden werden soll.

Das Grab, in dem Hiram ruht, erinnert an die Vergänglichkeit des Menschen, doch auch an den Prüfstein des Lebens: Nur wer sich mit dem Tod auseinandersetzt, kann das Leben in seiner Tiefe erfassen.

Der Löwengriff schließlich ist das Zeichen der Wiederauferstehung – nicht im körperlichen, sondern im geistigen Sinn. Er steht für die Kraft des Geistes, für die Möglichkeit, aus dem Dunkel ins Licht gehoben zu werden, mit neuem Bewusstsein, neuer Reife.

Das Schweigen, das all dem innewohnt, ist kein Mangel an Worten, sondern Ausdruck von Schutz und Ehrfurcht. Es bewahrt das Geheimnis, nicht um es zu verbergen, sondern um seine Tiefe zu ehren. In dieser Stille spricht der Ritus – durch Symbol und Handlung – zu jenen, die bereit sind, zu hören.

## Bedeutung der Lectures für den Meister

Die Lectures des dritten Grades sind **kein Kommentar**, sondern ein **Widerhall** des zuvor Erlebten. Sie nehmen die symbolische Handlung auf und geben ihr eine **formulierte Resonanz**. Dabei gilt:

- ◆ Sie fordern **Reflexion, nicht Analyse.**
- ◆ Sie offenbaren das **Rätselhafte im Bekannten.**
- ◆ Sie ermöglichen eine **Erneuerung des Grades durch Sprache.**

In Logen, die diese Lectures pflegen, erleben Brüder den dritten Grad nicht als Abschluss, sondern als **Beginn einer neuen Stille** – der Stille des inneren Arbeitens.

Die Lectures des Meistergrades sind die poetischsten, dunkelsten und zugleich geistig kühnsten im Emulationssystem. Sie verbinden Mythos, Ritual und Philosophie zu einer symbolischen Konstellation, in der der Freimaurer zum **Wächter des Unsichtbaren** wird. Der dritte Grad ist keine Vollendung – er ist **Einladung zum inneren Tempel.**

## Ritual in gesprochener Form

Die **Lectures des Emulationsritus** sind nicht nur ein Kanon symbolischer Inhalte – sie sind vor allem **eine Form ritueller Darbietung**, deren **Sprachgestus, Haltung und Ablauf** selbst Teil des Lehrvorgangs sind. Ihre Kraft liegt nicht allein in den Worten, sondern in der Art, **wie diese Worte im Raum und**

**zwischen Brüdern lebendig werden**. Die Lecture ist damit eine **Zeremonie des Sprechens**, deren Form an die Würde eines Gottesdienstes oder an das Rezitieren einer heiligen Formel erinnert.

## Die „Demonstration" als rituelle Handlung

In der Emulation Lodge of Improvement – und in vielen Logen, die nach dem Emulationssystem arbeiten – werden Lectures **nicht vorgelesen**, sondern **demonstriert**. Das bedeutet:

- **auswendig vorgetragen**, in exakter Sprache,
- **im Wechsel** zwischen Fragesteller (Lecturer oder Preceptor) und einem oder mehreren Antwortenden,
- **stehend, ohne Manuskript**, in ritueller Haltung,
- in Präsenz des Altars, unter Einhaltung der Würde des rituellen Raumes.

Diese Demonstrationen sind **keine intellektuellen Diskurse**, sondern ein **ritueller Akt der Erinnerung, Übertragung und Vergewisserung**.

## Rollenverteilung

In der klassischen Darbietung gibt es in der Regel:

- **einen fragenden Meister** (Lecturer), der in ruhigem, aber bestimmten Ton die Fragen stellt,
- **einen Antwortenden**, oft als „Reciter" oder „Responder" bezeichnet, der auswendig antwortet,
- oder – in voll entfalteter Form – mehrere Antwortende, z. B. bei der Emulation Lodge of Improvement, die sich in Gruppen gegliedert als „Section Leaders" beteiligen.

Diese Rollenverteilung ist **mehr als didaktisch:** Sie symbolisiert die **Transmission von Wissen als lebendige Tradition.** Der Fragende steht für das Prinzip des Suchens – der Antwortende für das Prinzip des Bewahrens.

## Gestik, Haltung und Stimme

Obwohl es keine standardisierten Gesten gibt wie im Ritual selbst, gelten klare Regeln:

- **Gerade Haltung,** Hände entweder am Körper anliegend oder vor dem Körper gefaltet.
- **Fester Stand,** meist leicht versetzt, in Richtung des Meisters oder Altars.
- **Klarer, langsamer Vortrag,** betont, aber ohne Pathos.
- **Keine Kommentierung,** keine freie Rede, keine Ausschmückung.

Diese Regeln erzeugen eine Atmosphäre von **Ritualität, Sammlung und innerer Konzentration**, die für die Wirkung der Lectures entscheidend ist.

## Zeitstruktur und Logenrahmen

Die vollständige Lecture eines Grades kann **30 bis 75 Minuten** dauern – abhängig von:

- der Anzahl der Sections, die vorgetragen werden,
- ob Wiederholungen eingeplant sind,
- ob mehrere Brüder beteiligt sind.

Daher werden Lectures üblicherweise:

- **außerhalb regulärer ritueller Arbeiten** gehalten,
- bei besonderen Abenden (Instruction Meetings),
- oder während sogenannter **„Lodges of Improvement"**.

Die **Emulation Lodge of Improvement in London** demonstriert seit 1823 wöchentlich Lectures und Ritualteile – mit höchstem rituellen Anspruch.

## Lehrpraxis und Instruktionssystem

In der Praxis vieler Logen geschieht die Unterweisung durch:

- **Teilweise Rezitation** einzelner Lecture-Fragen nach der Arbeit,
- **Aufgabenzuteilung** an Brüder zur selbstständigen Vorbereitung,
- **Instruktionsabende** mit gezieltem Fragen-und-Antworten-Üben,
- **Kombination mit ritueller Symbolarbeit**, z. B. durch Legen des Teppichs und Darbietung der Werkzeuge.

Ein bewährtes System ist die Verwendung von **„permitted variations"**, also zugelassenen Varianten einzelner Formulierungen, etwa bei Aussprachefragen – unter Aufsicht des Preceptors' Committee der Emulation Lodge of Improvement.

## Wirkung auf die Brüder

Die ritualisierte Vortragsweise bewirkt:

- **Verinnerlichung durch Disziplin und Übung**
- **Erfahrung von Einheitlichkeit** – alle Brüder lernen „dasselbe"
- **Sprachliche Prägung** – das Denken wird durch die rituelle Sprache geformt
- **Verankerung der Symbolik**, nicht durch Diskussion, sondern durch Hören, Wiederholen, Erinnern

So wird das Ritual **nicht nur erlebt**, sondern **durch Sprache wiederholt, befestigt und bewohnt** – wie ein Bauwerk, das man nicht nur betritt, sondern selbst mit erbaut.

Die Lectures des Emulationsritus sind ein **rituelles Sprachkunstwerk**. Ihre Wirksamkeit entfaltet sich nicht durch bloßes Lesen, sondern durch das **Disziplinierte Sprechen, Erinnern und Weitergeben**. Sie sind eine Schule des Geistes und des Herzens – nicht in Form von Argumenten, sondern in der Form des Wortes, das **aus dem Schweigen kommt und in die Stille führt**. Wer sie spricht, wird geformt; wer sie hört, wird berührt. Die Lecture ist nicht nur Unterweisung – sie ist **Gedenken, Wandlung und Vergegenwärtigung**.

## Der vergessene Lehrweg

Obwohl die Lectures zu den **ältesten und formal strengsten Bestandteilen** des Emulationsritus zählen, sind sie heute in vielen Logen **selten geworden**. Während das Ritual der Grade weiterhin regelmäßig durchgeführt wird, bleibt die **Unterweisung durch Lectures** oft auf wenige Abschnitte oder informelle Erläuterungen beschränkt. Dieser Rückgang ist jedoch nicht unumkehrbar – und verweist auf eine **grundsätzliche Herausforderung der modernen Freimaurerei**: Wie kann man **tiefe symbolische Bildung** mit den zeitlichen und geistigen Erwartungen heutiger Mitglieder verbinden?

# Gründe für den Rückgang der Lecture-Praxis

### Zeitlicher Aufwand

Vollständige Lectures sind lang – teilweise über eine Stunde pro Grad. Viele Logen haben dafür **nicht die Zeitressourcen,** insbesondere bei ohnehin seltenen Zusammenkünften.

### Wissenslücke

In vielen Logen gibt es **keine Brüder mehr, die die Lectures auswendig kennen.** Die Fähigkeit zum Vortrag ist verloren gegangen – und mit ihr das Selbstverständnis, dass die Lecture zur Arbeit dazugehört.

### Veränderte Erwartungshaltung

Moderne Brüder erwarten häufig **Erklärungen statt Formeln,** Diskussion statt Katechese. Die klassische Frage-Antwort-Form wirkt ihnen **starr oder autoritär,** weil ihre Funktion **nicht mehr verstanden wird.**

### Verlust der Unterweisungskultur

Die frühere Rolle des **Preceptors oder Instruktors** ist in vielen Logen nicht mehr aktiv besetzt. Es fehlt eine **strukturierte Lehrpraxis,** in der die Lectures organisch eingebettet sind.

## Konsequenzen des Verlustes

Die Abwesenheit der Lectures führt zu:

- **Verlust an Symboltiefe**: Der Bruder kennt die Formen, aber nicht ihre Struktur.
- **Vereinzelung des Verständnisses**: Jeder deutet für sich, aber ohne gemeinsame Sprache.
- **Ritual wird formal, nicht formend**: Die Wirkung bleibt auf das ästhetische Erlebnis begrenzt.

Was fehlt, ist das **strukturierte Verstehen durch die rituelle Sprache selbst** – das, was die Lecture bietet.

## Neue Formen der Wiederentdeckung

Trotz dieses Rückgangs gibt es in den letzten Jahren **Ansätze zur Wiederbelebung** der Lectures, vor allem in:

- **Lodges of Instruction** (v. a. in England): regelmäßige Übungseinheiten mit Fokus auf Lecture-Vortrag.
- **Emulation-Logen im Ausland**: insbesondere im Rahmen der British Freemasons in Germany (BFG) oder in Logen, die UGLE-nah arbeiten.
- **Kompaktlehrgänge**: Einübung einzelner Lecture-Sections als Teil der Beamtenausbildung.
- **Modularisierte Vortragsabende**: z. B. Lecture-Sektion zu einem bestimmten Thema (Säulen, Sinnesorgane, Wort) als Gesprächsgrundlage.

Diese modernen Formen **realisieren nicht das ganze Lecture-system**, machen es aber **anschlussfähig** für Brüder von heute.

## Wirkung im heutigen Logenleben

Dort, wo Lectures aktiv gepflegt werden, zeigen sich klare Wirkungen:

- **Stärkung des symbolischen Bewusstseins** der Brüder
- **Tiefere Identifikation mit dem Grad** (über das Erlebte hinaus)
- **Einübung einer gemeinsamen Sprache und Haltung**
- **Schaffung eines rituellen Lehrraums** – jenseits des profanen Diskurses

Brüder, die regelmäßig an Lectures teilnehmen, erleben das Ritual **nicht als formales Schauspiel**, sondern als **sprachlich verankertes Selbstgespräch in Symbolen**.

## Der Mehrwert für die Loge

Wenn Lectures wieder aktiviert werden:

- wächst **die Identität der Loge** als rituelle Gemeinschaft, nicht als Diskussionszirkel,
- entsteht eine **Verbindung über Generationen hinweg**, da die Sprache der Lecture dieselbe bleibt,
- wird das Ritual **nicht nur getan, sondern verstanden, getragen, erinnert**.

Die Lecture ist eine **rituelle Schule der Erinnerung** – und in einer Zeit des Verlernens ist Erinnerung eine Form von Widerstand gegen Oberflächlichkeit.

Die Lectures des Emulationsritus sind **kein Anachronismus**, sondern ein **vergessener Schlüssel**. Sie zeigen, wie rituelle Disziplin, sprachliche Form und geistige Tiefe zusammenwirken können, um den Freimaurer in seinem inneren Bau zu unterstützen. Dort, wo sie wieder gepflegt werden, **entsteht nicht Nostalgie, sondern Lebendigkeit** – nicht Wiederholung der Vergangenheit, sondern Vergewisserung der Gegenwart. Die Frage ist nicht: *Passen die Lectures in die heutige Zeit?* Sondern: *Sind wir bereit, Zeit für das Maß zu finden?*

## Die Lectures als symbolische Tiefenstruktur

Die Lectures des Emulationsritus sind mehr als Ergänzungen zum Ritual – sie sind seine **innere Architektur**. Während die rituellen Grade die Erhebung, das Erleben und die dramatische Symbolhandlung bieten, bilden die Lectures das **gedankliche und sprachliche Fundament**, das diese Erfahrungen **verankert, deutet und tradiert**. Ohne Lectures ist das Ritual Erlebnis; mit Lectures wird es **Erkenntnis**.

Ihre Form ist einfach: Frage – Antwort.
Doch ihre Funktion ist komplex:
**Einprägung, Transformation, Erhebung**.

**Ihre verborgene Wirkkraft**

Die Lectures wirken nicht durch Erklärung, sondern durch:

- **Strukturierung des Geistes**: Sie führen in eine Welt symbolischer Ordnungen, die sich nicht aus sich selbst erschließt, sondern durch Einübung.
- **Sprachliche Disziplin**: Der Bruder spricht nicht einfach – er übernimmt eine Sprache, die größer ist als er selbst.
- **Rituelle Wiederholung**: Sie prägt nicht nur Wissen ein, sondern formt Haltungen und geistige Bereitschaft.

In diesem Sinn sind die Lectures **Initiation durch Sprache**: Wer sie kennt, erkennt im Ritual mehr als Handlung – er erkennt das **innere Gesetz des Bauplans**.

## Die Lectures als Spiegel des Grades

Jeder Grad im Emulationsritus entfaltet sich in zwei Ebenen: dem äußeren Ritual und der inneren Unterweisung. Während das Ritual durch symbolische Handlungen, Zeichen und Gebärden geprägt ist, öffnet die Lecture den geistigen Raum hinter diesen äußeren Formen. Sie ist das verborgene Wort zum sichtbaren Bild – die Erklärung des Symbols durch das Symbol selbst.

Im Grad des Lehrlings begegnet der Bruder dem Licht, dem Schurz und der feierlichen Aufnahme. Diese Zeichen verweisen auf einen Neubeginn, auf die Eingliederung in eine

Ordnung. Die zugehörige Lecture vertieft dieses Erleben, indem sie Fragen zu Pflichten, Gehorsam und dem Aufbau der Loge stellt – ein erster Schritt auf dem Weg zur Selbstdisziplin.

Im Grad des Gesellen liegt der Schwerpunkt auf der Arbeit, dem Aufstieg über Stufen und der Erkenntnis, die sich aus eigener Anstrengung ergibt. Die Lecture begleitet diesen Weg durch Inhalte, die Maß, Bildung und geistige Struktur vermitteln – der Mensch als lernender und gestaltender Teil eines größeren Bauwerks.

Im Meistergrad schließlich führt das Ritual durch das Erleben von Tod, Erhebung und dem Ringen um das wahre Wort. Die Lecture öffnet den Blick auf das tiefere Mysterium: das Opfer des Baumeisters, die Suche nach dem Verlorenen und die Sehnsucht nach Transzendenz. Sie spricht vom Menschen, der über sich hinauswächst, um das zu finden, was nicht gesagt werden kann – nur gelebt.

So sind die Lectures weit mehr als Erklärungen. Sie sind symbolische Spiegel, in denen der Bruder sich selbst erkennt – als Mensch, als Arbeiter, als Suchender.

## Eine Schule der Selbstverwandlung

Anders als moderne Lehreinheiten vermitteln Lectures **keine diskursive Erkenntnis**, sondern bilden ein **rituelles Feld**, in dem sich die Seele des Bruders **durch Wiederholung, Form und Tiefe wandelt.**

- ◆ Nicht „Verstehen" steht im Zentrum, sondern **Verwandlung durch Ritus.**
- ◆ Nicht Diskussion, sondern **Einübung des Maßes und des Wortes.**
- ◆ Nicht Deutung, sondern **Stille hinter der Sprache.**

Die Lectures fordern keine Philosophen – sie formen **Baumeister des Selbst.**

## Was die Zukunft von ihnen lernen kann

In einer Zeit, die nach Sinn, Ordnung und Tiefe sucht, können die Lectures:

- • **eine rituelle Schule gegen die Zerstreuung** sein,
- • **ein Modell der Einübung statt der Zerlegung** bieten,
- • **ein Raum gemeinsamer Sprache und innerer Disziplin** stiften.

Sie sind keine nostalgische Form – sondern **ein Werkzeug innerer Genauigkeit.**

Die Lectures des Emulationsritus stellen keine Antworten im modernen Sinn bereit. Sie **öffnen Räume**. Räume, die nicht betreten, sondern **erbaut** werden müssen – mit Geduld, Wiederholung, Maß und Stille. Wer sie spricht, **wird gesprochen**. Wer sie vernimmt, **erinnert sich an ein vergessenes Maß**.

So sind die Lectures – nicht sichtbar im Ritual, nicht hörbar in profanen Worten – die **verborgene Lehre** der Emulations-freimaurerei. Ein Schatz, der **nicht erklärt, sondern gehoben** werden muss.

# Teil 2: Die Rituale der drei Grade des Emulationsritus

## Sektion 1: Historische Einordnung des Emulations-Ritus

Der Emulations-Ritus gehört zu den bedeutendsten Ritual-systemen der regulären Freimaurerei und ist eng mit der Geschichte der Vereinigten Großloge von England (United Grand Lodge of England, UGLE) verbunden. Seine Entstehung ist das direkte Ergebnis einer der einschneidendsten Entwicklungen in der englischen Freimaurerei: der Vereinigung der beiden zuvor konkurrierenden Großlogen – der sogenannten „Moderns" (Premier Grand Lodge of England, gegründet 1717) und der „Antients" (Antient Grand Lodge of England, gegründet 1751). Diese Vereinigung wurde am 27. Dezember 1813 vollzogen und hatte nicht nur organisatorische, sondern auch tiefgreifende rituelle Konsequenzen.

In der Folge wurde eine „Lodge of Reconciliation" eingesetzt, deren Aufgabe es war, die unterschiedlichen rituellen Fassungen zu einem gemeinsamen System zu harmonisieren. Dieser neue, vereinheitlichte Ritus wurde nach Abschluss der Arbeiten als offizielles Ritual der United Grand Lodge of England festgelegt.

Im Jahr 1823 wurde in London die *Emulation Lodge of Improvement* gegründet. Sie hatte das Ziel, den neuen

Standardritus in möglichst exakter Form zu bewahren und in der Praxis zu vermitteln. Seither ist der „Emulations-Ritus" – wie er nach dieser Einrichtung genannt wird – in seiner wesentlichen Form bis heute unverändert geblieben. Er ist kein gelehrter oder spekulativer Ritus im Sinne kontinentaleuropäischer Systeme, sondern ein konservativ-pragmatischer Ritus, der durch stete Wiederholung, mündliche Tradierung und strenge Formwahrung geprägt ist.

Im Kontext der internationalen Freimaurerei nimmt der Emulations-Ritus eine Sonderstellung ein. Während viele Großlogen eigene Rituale entwickelten – etwa der Schwedische Ritus in Skandinavien, der Schröder-Ritus im Norden Deutschlands oder der Alte und Angenommene Schottische Ritus auf dem Kontinent – versteht sich der Emulations-Ritus als minimalistischer, aber vollständiger Ausdruck freimaurerischer Grundprinzipien. Seine Struktur ist einfach, aber streng formalisiert; seine Symbolik reduziert, aber hochverdichtet; seine Sprache schlicht, aber durchdrungen von biblischen, ethischen und allegorischen Elementen.

Als Ritualsystem ist der Emulations-Ritus ausschließlich auf die ersten drei Grade der „blauen Freimaurerei" beschränkt – Lehrling, Geselle, Meister. Eine rituelle Erweiterung über diese symbolischen Grade hinaus ist nicht vorgesehen. Gerade diese Begrenzung aber verleiht dem Emulations-Ritus seine innere Geschlossenheit und rituelle Klarheit, die ihn bis heute zu einem der weltweit verbreitetsten und regulären Riten der Freimaurerei macht.

## Sektion 2: Aufbau und Struktur des Ritualtextes

Die vorliegende Ausgabe enthält den vollständigen Ritualtext des Emulations-Ritus in deutscher Sprache – systematisch geordnet nach den drei Graden der symbolischen Freimaurerei: dem **Lehrlingsgrad**, dem **Gesellengrad** und dem **Meistergrad**. Jeder dieser Grade wird in einem klar gegliederten Aufbau dargestellt, der die rituelle Handlung, deren symbolische Deutung und die didaktische Vermittlung umfasst.

### 1. Zeremonielle Grundstruktur pro Grad

Jeder Grad folgt einer wiederkehrenden Abfolge:

- **Eröffnung der Loge** im betreffenden Grad (inkl. rituellem Fragenkatalog zu Ämtern, Licht, Ordnung und Verpflichtung)

- **Zeremonie der Aufnahme/Beförderung/Erhebung** (in nummerierten Abschnitten, z. B. Initiation – Teil 1 bis 10 im Lehrlingsgrad)

- **Schließung der Loge** (rituelle Rückführung zur profanen Ordnung, mit Lobpreisung des Großen Baumeisters)

- **Erklärung des Tracing Boards** (symbolische Deutung des Teppichs bzw. Logenplans mit allen zentralen

Zeichen, Werkzeugen und Figuren)

- **Lectures (Katechismen)** (didaktisch strukturierter Frage-Antwort-Unterricht zur Vertiefung der rituellen Inhalte)

Diese Form der Mehrfachvermittlung – **Handlung, Erklärung, Wiederholung durch Unterweisung** – ist charakteristisch für den Emulations-Ritus und verdeutlicht dessen traditionelle Prägung als rituell-mnemotechnisches System.

**2. Didaktik durch Dreigliederung**

Die Gliederung des Rituals folgt einer pädagogisch bewährten Logik:

4. **Ritualhandlung:** Die Aufnahme erfolgt in präzisen Bewegungsabläufen, gesprochenen Formeln und dramatischen Szenen (z. B. symbolische Gefahren, Gelöbnis, Lichtgebung, Hiramlegende).

5. **Symbolische Deutung:** Die anschließenden Erklärungen des Tracing Boards heben die Bedeutung der verwendeten Symbole und Allegorien hervor (Werkzeuge, Teppich, Säulen, Akazie etc.).

6. **Katechetische Repetition:** Die Lectures festigen das Verständnis durch Fragen und Antworten – ein Echo der frühneuzeitlichen Lehrmethodik der Bruderschaften und Zünfte.

Diese Dreiteilung – Handlung, Auslegung, Wiederholung – zieht sich durch alle drei Grade und bildet das didaktische Rückgrat des Emulations-Ritus.

### 3. Einheitlichkeit und Ritualökonomie

Der Aufbau ist in hohem Maße einheitlich. Dies erlaubt ein konzentriertes Arbeiten ohne stilistische oder strukturelle Brüche zwischen den Graden. Auch der Übergang vom operativen zum spekulativen Verständnis der Werkzeuge, Begriffe und Handlungen wird nicht erklärt, sondern durch Ritualerfahrung und Belehrung vermittelt.

Der Ritus verzichtet auf ausufernde Allegorien oder moral-philosophische Betrachtungen, wie sie in kontinentalen Systemen (z. B. AASR oder Schwedischer Ritus) häufig anzutreffen sind. Stattdessen liegt der Schwerpunkt auf **formaler Präzision, symbolischer Klarheit** und **konstanter Wiederholung** – in tiefer Übereinstimmung mit dem angloamerikanischen Prinzip: *ritual is learned by doing.*

## Besonderheiten der vorliegenden deutschen Übertragung

Die vorliegende Ausgabe stellt in mehrfacher Hinsicht eine Besonderheit im deutschsprachigen Raum dar. Sie ist – soweit erkennbar – **die erste vollständige, textkritisch überprüfte und grammatikalisch modernisierte Übertragung des Emulations-Ritus in deutscher Sprache,** die alle drei Grade in ihrer vollständigen rituellen Ausführung umfasst: vom Klopfen an der Tür bis zur letzten Schließungsformel der Meisterloge.

## 1. Vollständigkeit und Wortgetreue

Alle ritualistischen Elemente wurden vollständig übertragen, einschließlich:

- der **kompletten Öffnungs- und Schließungszeremonien** für jeden Grad,
- der **Initiation, Beförderung und Erhebung** mit sämtlichen Einzelschritten,
- der **symbolischen Erklärungen** des Tracing Boards,
- der **Lectures** in klassischer Frage-Antwort-Struktur (häufig verkürzt oder ausgelassen in anderen Fassungen).

Die Übertragung folgt **streng der englischen Originalfassung** aus der *Emulation Lodge of Improvement*, berücksichtigt dabei aber ausschließlich das, was auch in den vorliegenden Ritualen dokumentiert ist – ohne freie Ergänzungen oder inhaltliche Deutungen.

## 2. Modernisierte Grammatik – keine Modernisierung des Sinns

Die deutsche Sprache wurde **in moderner Grammatik** wiedergegeben, d. h. in verständlicher, lesbarer Syntax ohne archaisierende Kunstgriffe. Dabei wurde großer Wert auf sprachliche Klarheit gelegt – **nicht jedoch auf Modernisierung der Inhalte**. Die Symbolik, Dramaturgie und maurerische Fachsprache des Originals blieben unangetastet.

Begriffe wie *Winkelmaß, Zirkel, Kabeltau, Akazienzweig* oder *Allsehendes Auge* wurden nicht durch profane Synonyme ersetzt, sondern in ihrer rituellen Ausdrucksweise beibehalten. Auch die **formalen Anreden** („Ehrwürdiger Meister", „Bruder Zweiter Aufseher" etc.) bleiben durchgehend erhalten.

### 3. Erklärung der Fachbegriffe und Abkürzungen

Dem Ritualtext vorangestellt ist eine systematische Übersicht der im Original verwendeten englischen Abkürzungen und ihrer deutschen Entsprechungen. Dies dient nicht nur der besseren Orientierung im Text, sondern unterstreicht auch den didaktischen Anspruch der Ausgabe.

So werden etwa:

- ◆ **WM** zu „Ehrwürdiger Meister",
- ◆ **SW/JW** zu „Erster" und „Zweiter Aufseher",
- ◆ **SD/JD** zu „Erster" und „Zweiter Diakon",
- ◆ **VSL** zu „Heilige Schrift",
- ◆ **Obligation** zu „Verpflichtung" oder „Gelöbnis".

Zudem wird konsequent zwischen **ritueller Handlung** (z. B. Klopfen, Zeichen, Schritt) und **interpretativer Belehrung** unterschieden – ein wesentlicher Schritt zur rituellen Durchdringung des Textes.

## Praktische Bedeutung für Forschung, Ritual-pflege und Logenarbeit

Die vorliegende Übertragung ist nicht lediglich eine philologische Übung, sondern hat weitreichende Bedeutung für die praktische und wissenschaftliche Auseinandersetzung mit freimaurerischer Ritualkultur – insbesondere im deutschsprachigen Raum.

### 1. Für Logen – Zugang zu einer anerkannten Alternative

Zahlreiche Freimaurerlogen in Deutschland, Österreich und der Schweiz arbeiten nach Ritualen kontinentaler Herkunft, etwa dem Schröder-Ritus, AFuAM, rektifizierte Systeme (3WK, RSR), dem Schwedischen System oder zinnendorf'schen Varianten. Der Emulations-Ritus dagegen blieb bislang weitgehend englisch-sprachigen Logen vorbehalten – z. B. der *British Freemasons in Germany* (BFG) – neuerdings *Britisch Freemasonry in Germany*.

Diese Ausgabe bietet nun auch deutschsprachigen Brüdern eine **niedrigschwellige und vollständige Möglichkeit**, sich mit dem Emulations-Ritus vertraut zu machen – sei es zur Instruktion, zum Vergleich oder allgemeinen Vertiefung.

Für neu gegründete Logen oder solche in Überprüfung ihrer rituellen Identität stellt dieser Text eine fundierte Grundlage dar: frei von Interpretation, vollständig, traditionsgebunden und rituell verlässlich.

**2. Für Forscher – ritualhistorische Dokumentation**

In der maurerischen Forschung gibt es zahlreiche Publikationen zu Symbolik, Geschichte und soziokultureller Wirkung der Freimaurerei – doch **komplette Ritualtexte** sind selten publiziert, oft aus Gründen der Verschwiegenheit oder rituellen Bindung.

Diese Ausgabe bietet einen **wissenschaftlich nutzbaren Textkorpus** für:

◆ Ritualvergleichende Studien (z. B. mit französischen, deutschen oder skandinavischen Riten),
◆ Untersuchungen zur rituellen Sprache, Symbolik und Dramaturgie,
◆ historische Forschung zur Entstehung, Entwicklung und Verbreitung des Emulations-Ritus im 19. und 20. Jahrhundert.

Zudem ermöglicht der durchgehende Vergleich mit der englischen Urform eine kritische Auseinandersetzung mit dem Wandel ritueller Ausdrucksformen im internationalen Kontext.

**3. Für Brüder – individuelle Vertiefung des rituellen Weges**

Der Emulations-Ritus legt in seiner Ausführung besonderen Wert auf innere Haltung, rituelle Disziplin, geistige Wiederholung und symbolische Versenkung. Er fordert vom Bruder nicht intellektuelle Deutung, sondern rituelles Erleben.

Gerade für Brüder, die eine Rückkehr zu einer **einfachen, aber gehaltvollen** Form maurerischer Arbeit suchen, stellt dieser Ritus eine Bereicherung dar: kein Übermaß an Esoterik oder Deutung, sondern konzentrierte, lebendige Symbolarbeit.

Diese Ausgabe lädt dazu ein, sich **mit der ganzen Kraft des Wortes, der Geste und des Raumes** auf diesen Weg einzulassen.

## Übersetzung der Abkürzungen:

Im Emulationsritus begegnet man einer Vielzahl von Abkürzungen, die aus dem englischen Original übernommen und im deutschen Kontext rituell verwendet werden. Diese Kürzel bezeichnen Ämter, Grade und rituelle Elemente, die für das Verständnis und die Praxis unerlässlich sind. Ihre Bedeutung erschließt sich durch die Übersetzung und Deutung der dahinterstehenden Funktionen und Begriffe.

So steht **WM** für *Worshipful Master*, was im Deutschen als **Ehrwürdiger Meister** wiedergegeben wird – jener Bruder, der die Loge leitet und den Vorsitz innehat. Ihm zur Seite steht der **SW** (*Senior Warden*), im Deutschen der **Erste Aufseher**, der als sein Stellvertreter fungiert. Der **JW** (*Junior Warden*) oder **Zweite Aufseher** ist für die Ordnung innerhalb der Loge während der Arbeiten verantwortlich.

Die **Diakone** – **SD** (*Senior Deacon*) und **JD** (*Junior Deacon*) – (teilweise im Deutschen auch mit *Ordner* oder *Schaffner* übersetzt) übernehmen wichtige Aufgaben in der Führung der

Kandidaten sowie in der rituellen Kommunikation. Der **SD** ist als Erster Diakon unter anderem dafür zuständig, Kandidaten zum Altar zu führen und Botschaften weiterzugeben. Der **JD**, der Zweite Diakon, begleitet Kandidaten beim Eintritt in die Loge und unterstützt den Ersten Diakon bei den Ritualhandlungen.

Der **IG** (*Inner Guard*), auf Deutsch der **Innere Wächter**, bewacht die Innentür der Loge, während der **Tyler** oder **Tiler**, auch **Äußerer Wächter** genannt, für die Sicherung der Außentür verantwortlich ist. Der **IPM** (*Immediate Past Master*) wird als **Altmeister** bezeichnet und ist der unmittelbare Amtsvorgänger des aktuellen Ehrwürdigen Meisters.

Auch die Grade selbst werden abgekürzt: **EA** steht für *Entered Apprentice* und meint den **Lehrling**, **FC** bezeichnet den *Fellow Craft*, den **Gesellen**, und **MM** steht für *Master Mason*, den **Meister**.

Darüber hinaus gibt es Begriffe für rituelle Elemente: **Sign** steht für das Zeichen, **Step** für den rituellen Schritt und **Token** für den geheimen **Griff**. Die **Obligation**, zu Deutsch die **Verpflichtung** oder der feierliche **Eid**, ist ein zentrales Moment des rituellen Versprechens. Schließlich wird mit **VSL** (*Volume of Sacred Law*) die **Heilige Schrift** bezeichnet – oft die Bibel oder ein anderer anerkanntes Glaubensbuch (kein *weißes Buch*, kein *Symbolbuch*).

Diese Begriffe sind nicht nur funktionale Benennungen, sondern tragen selbst symbolische Tiefe. In ihrer Summe bilden sie das sprachliche und rituelle Gerüst, auf dem der

Emulationsritus beruht – und dessen Verständnis die Voraussetzung für eine bewusste Teilnahme an seinen Arbeiten ist.

# Ritual des ersten Grades (Lehrling)

## Eröffnung

**Der Ehrwürdige Meister schlägt einmal mit dem Hammer, was vom Ersten und vom Zweiten Aufseher wiederholt wird.**

**EM:** Brüder, helft mir, die Loge zu eröffnen.
*Alle stehen auf.*
**EM:** Bruder Zweiter Aufseher, was ist die erste Sorge eines jeden Freimaurers?
**2A:** Sicherzustellen, dass die Loge ordnungsgemäß verschlossen ist.
**EM:** Tragen Sie Sorge, dass diese Pflicht erfüllt wird.
**2A:** Bruder Innerer Wächter, stellen Sie sicher, dass die Loge ordnungsgemäß verschlossen ist.

Der Innere Wächter geht zur Tür, öffnet sie nicht, klopft dreimal deutlich und begibt sich wieder vor seinen Stuhl.
Der Tiler antwortet mit denselben Klopfzeichen.
**IW (ohne Zeichen):** Bruder Zweiter Aufseher, die Loge ist ordnungsgemäß verschlossen.
**2A:** klopft dreimal deutlich (ohne Zeichen) und sagt zum Ehrwürdigen Meister:
**2A:** Die Loge ist ordnungsgemäß verschlossen.
**EM:** Bruder Erster Aufseher, was ist die nächste Sorge?
**1A:** Sicherzustellen, dass sich nur Freimaurer im Raum befinden.
**EM:** Zur Ordnung im Lehrlingsgrad, meine Brüder!

*Alle nehmen den Schritt und das Zeichen des Lehrlings an.*

**EM:** Bruder Zweiter Aufseher, wie viele Hauptbeamte hat die Loge?

**2A:** Drei: den Ehrwürdigen Meister, den Ersten und den Zweiten Aufseher.

**EM:** Bruder Erster Aufseher, wie viele Nebenbeamte hat die Loge?

**1A:** Drei, neben dem Tiler oder Äußeren Wächter: nämlich den Ersten und Zweiten Diakon sowie den Inneren Wächter.

**EM zum 2A:** Wo befindet sich der Tiler?

**2A:** Außerhalb der Tür der Loge.

**EM:** Welche Aufgabe hat er?

**2A:** Mit einem gezogenen Schwert bewaffnet, hat er alle Eindringlinge und Nichtfreimaurer fernzuhalten sowie darauf zu achten, dass der Kandidat ordnungsgemäß vorbereitet ist.

**EM zum 1A:** Wo befindet sich der Innere Wächter?

**1A:** Im Eingangsbereich der Loge.

**EM:** Welche Aufgabe hat er?

**1A:** Er soll Freimaurer nach Vorlage des Beweises einlassen, den Kandidaten in gebührender Form empfangen und den Anweisungen des Zweiten Aufsehers Folge leisten.

**EM zum 2A:** Wo befindet sich der Zweite Diakon?

**2A:** Zur Rechten des Ersten Aufsehers.

**EM:** Welche Aufgabe hat er?

**2A:** Er übermittelt alle Botschaften und Mitteilungen des Ehrwürdigen Meisters vom Ersten an den Zweiten Aufseher und sorgt für deren genaue Ausführung.

**EM zum 1A:** Wo befindet sich der Erste Diakon?

**1A:** An oder nahe der rechten Seite des Ehrwürdigen Meisters.

**EM:** Welche Aufgabe hat er?

**1A:** Er überbringt sämtliche Botschaften und Befehle des Ehrwürdigen Meisters an den Ersten Aufseher und wartet auf die Rückkehr des Zweiten Diakons.

**EM:** Bruder Zweiter Aufseher, wo ist Ihr Platz in der Loge?

**2A:** Im Süden.

**EM:** Warum sind Sie dort platziert?

**2A:** Um die Sonne im Zenit zu markieren, die Brüder von der Arbeit zur Erholung und von der Erholung zurück zur Arbeit zu rufen, damit Nutzen und Freude das Ergebnis sind.

**EM:** Bruder Erster Aufseher, wo ist Ihr Platz in der Loge?

**1A:** Im Westen.

**EM:** Warum sind Sie dort platziert?

**1A:** Um den Sonnenuntergang zu markieren, die Loge auf Befehl des Ehrwürdigen Meisters zu schließen, nachdem sichergestellt wurde, dass jeder Bruder sein Recht erhalten hat.

**EM zum 1A:** Wo ist der Platz des Meisters?

**1A:** Im Osten.

**EM:** Warum ist er dort platziert?

**1A:** So wie die Sonne im Osten aufgeht und den Tag belebt, so ist der Ehrwürdige Meister im Osten platziert, um die Loge zu eröffnen sowie die Brüder in der Freimaurerei zu beschäftigen und zu unterweisen.


**EM:** Da die Loge ordnungsgemäß gebildet ist, wollen wir – bevor ich sie für eröffnet erkläre – die Hilfe des Großen Baumeisters des Universums anrufen: Mögen unsere Arbeiten, so in Ordnung begonnen, in Frieden geführt und in Harmonie beendet werden.

**Altmeister:** So soll es sein.

**EM:** Brüder, im Namen des Großen Baumeisters des Universums erkläre ich die Loge für ordnungsgemäß eröffnet – *alle geben das Zeichen* – zum Zwecke der Freimaurerei im Ersten Grad.

119

*Der Ehrwürdige Meister gibt das Lehrlings-Klopfzeichen.*
*Der Erste Aufseher wiederholt das Zeichen und hebt das Zepter.*
*Der Zweite Aufseher gibt das Zeichen und senkt das Zepter.*
*Der Innere Wächter geht zur Tür, gibt das Zeichen und kehrt zu seinem Platz zurück.*
*Der Tiler antwortet mit denselben Klopfzeichen.*
*Der Altmeister öffnet die Heilige Schrift und richtet Winkelmaß und Zirkel aus.*
*Die Heilige Schrift wird so platziert, dass der Ehrwürdige Meister sie lesen kann; die Zirkelspitzen zeigen auf ihn und sind vom Winkelmaß bedeckt.*
*Der Ehrwürdige Meister setzt sich, die Brüder folgen.*

# Initiation – Teil 1:

# Das Klopfen, die Meldung und die Zulassung des Kandidaten

*Der Tiler bereitet den Kandidaten vor. Sobald dieser bereit ist, die Zeremonie zu beginnen, klopft der Tiler dreimal deutlich an die Tür. Durch längere Pausen zwischen den Klopfzeichen zeigt der Tiler an, dass der Kandidat bereit ist.*

Der Innere Wächter erhebt sich vor seinem Stuhl, macht den Schritt und gibt das Lehrlings-Zeichen:

**IW:** Bruder Zweiter Aufseher, es gibt ein Zeichen.

Der Zweite Aufseher bleibt sitzen, klopft dreimal deutlich und erhebt sich. Er macht den Schritt und gibt das Lehrlings-Zeichen:

**2A:** Ehrwürdiger Meister, es gibt ein Zeichen.

**EM:** Bruder Zweiter Aufseher, erkundigen Sie sich, wer Einlass begehrt.

Der Zweite Aufseher senkt das Zeichen und setzt sich:

**2A:** Bruder Innerer Wächter, sehen Sie nach, wer Einlass begehrt.

Der Innere Wächter senkt das Zeichen, begibt sich zur Tür der Loge, schließt sie auf, tritt jedoch nicht hinaus, sondern bleibt mit der Hand am Türgriff auf der Schwelle stehen. Er vergewissert sich, dass der Kandidat ordnungsgemäß vorbereitet ist.

**IW (zum Tiler):** Wen führen Sie dort?

**Tiler:** Herrn ..., einen armen Kandidaten im Zustand der Dunkelheit, der wohl und würdig empfohlen, ordnungsgemäß vorgeschlagen und in geöffneter Loge bestätigt wurde. Er kommt nun aus freiem Willen und Entschluss, ordnungsgemäß vorbereitet, in der demütigen Bitte, zu den Geheimnissen und Vorrechten der Freimaurerei zugelassen zu werden.

**IW:** Wie hofft er, diese Vorrechte zu erlangen?

**Tiler (sagt dem Kandidaten vor):** Mit Gottes Hilfe, als freier Mann und von gutem Ruf.

*Der Kandidat wiederholt den Satz.*

**IW:** Halten Sie inne, während ich dem Ehrwürdigen Meister Bericht erstatte.

Der Innere Wächter schließt und verriegelt die Tür, kehrt vor seinen Stuhl zurück, macht den Schritt und gibt das Lehrlings-Zeichen, das er hält:

**IW:** Ehrwürdiger Meister, Herr …, ein armer Kandidat im Zustand der Dunkelheit, wurde wohl und würdig empfohlen, ordnungsgemäß vorgeschlagen und in geöffneter Loge bestätigt. Er kommt nun aus freiem Willen und Entschluss, ordnungsgemäß vorbereitet, in der demütigen Bitte, zu den Geheimnissen und Vorrechten der Freimaurerei zugelassen zu werden.

**EM:** Wie hofft er, diese Vorrechte zu erlangen?

**IW:** Mit Gottes Hilfe, als freier Mann und von gutem Ruf.

**EM:** Die Zunge des guten Rufs hat bereits für ihn gesprochen. Bruder Innerer Wächter, bezeugen Sie, dass er ordnungsgemäß vorbereitet ist?

**IW:** Ich bezeuge es, Ehrwürdiger Meister.

**EM:** So soll er in gebührender Form eingelassen werden.

*Der Innere Wächter senkt das Zeichen.*

# Initiation – Teil 2:
# Zulassung, erste Fragen und Gebet

**EM:** Brüder Diakone.

*Der Erste Diakon stellt das Kniekissen an der vorgesehenen Stelle bereit. Der Innere Wächter nimmt den Dolch und begibt sich mit dem Zweiten und Ersten Diakon zur Tür, wobei der Zweite Diakon links steht.*

*Der Innere Wächter öffnet die Tür, behält jedoch die Hand am Türgriff. Er richtet den Dolch gegen die entblößte linke Brust des Kandidaten.*

**IW:** Spüren Sie etwas?

*Nach bejahender Antwort des Kandidaten hebt der Innere Wächter den Dolch über dessen Kopf, um zu zeigen, dass er ihn so präsentiert hat.*

Der Zweite Diakon nimmt mit seiner linken Hand die rechte Hand des Kandidaten fest. Der Erste Diakon steht links vom Kandidaten. Gemeinsam führen sie ihn zum Kniekissen. Alle drei stehen mit Blick nach Osten.

Nachdem der Kandidat eingelassen wurde, schließt und verriegelt der Innere Wächter die Tür, legt den Dolch auf das Pult des Ersten Aufsehers und setzt sich wieder.

**EM:** Herr …, da niemand Freimaurer werden kann, der nicht frei ist und das vorgeschriebene Alter erreicht hat, frage ich Sie: Sind Sie ein freier Mann und mindestens einundzwanzig Jahre alt?

*Der Zweite Diakon spricht dem Kandidaten die Antwort vor:*

**Kandidat:** Ich bin es.

**EM:** Da ich dessen nun versichert bin, ersuche ich Sie, niederzuknien, während wir den Segen des Himmels auf unser Vorhaben herabrufen.

*Der Zweite Diakon hilft dem Kandidaten beim Knien und gibt ihm dabei, wenn nötig, leise Anweisungen. Anschließend lässt er die rechte Hand des Kandidaten los.*

Der Ehrwürdige Meister schlägt einmal mit dem Hammer, was vom Ersten und Zweiten Aufseher wiederholt wird.

*Die Diakone halten ihre Stäbe in der linken Hand, kreuzen sie über dem Kopf des Kandidaten und geben das Zeichen der Ehrfurcht.*

*Alle Brüder stehen mit dem Zeichen der Ehrfurcht.*

## Gebet

**EM:** Gewähre uns Deine Hilfe, Allmächtiger Vater und Höchster Lenker des Universums, für unsere heutige Zusammenkunft. Gib, dass dieser Kandidat sein Leben Deinem Dienst weihen möge, sodass er ein wahrer und treuer Bruder unter uns werde. Erfülle ihn mit einem Maß Deiner göttlichen Weisheit, damit er – unterstützt durch die Geheimnisse unserer freimaurerischen Kunst – umso besser in der Lage sei, die Schönheit wahrer Gottesfurcht zu erkennen, zur Ehre und zum Ruhm Deines Heiligen Namens.

**Altmeister:** So soll es sein.

*Alle senken das Zeichen der Ehrfurcht.*

*Die Diakone entkreuzen ihre Stäbe und nehmen sie wieder in die rechte Hand.*

**EM:** In allen Lagen der Gefahr und Schwierigkeit – in wen setzen Sie Ihr Vertrauen?

*Der Zweite Diakon spricht dem Kandidaten die Antwort vor:*

**Kandidat:** In Gott.

**EM:** Es freut mich, dass Ihr Glaube so wohl gegründet ist. Indem Sie sich auf eine solche sichere Stütze verlassen, dürfen Sie mit fester, aber demütiger Zuversicht aufstehen und Ihrem Führer folgen. Denn wo der Name Gottes angerufen wird, da vertrauen wir, dass keine Gefahr uns schaden kann.

*Der Ehrwürdige Meister setzt sich.*

*Der Zweite Diakon hilft dem Kandidaten aufzustehen, indem er dessen rechte Hand wieder fest ergreift. Alle Brüder – außer den Diakonen und dem Kandidaten – setzen sich.*

# Initiation – Teil 3:
# Perambulation und Vorstellung bei den Aufsehern

*Der Erste Diakon zieht das Kniekissen beiseite, nach links, sodass es dem Weg des Kandidaten nicht im Wege steht.*

**EM (mit dem Hammer, gefolgt vom EO und 2A:):**
Brüder von Norden, Osten, Süden und Westen, beachtet, dass Herr ... gleich vor euch vorübergehen wird, um zu zeigen, dass er der Kandidat ist, ordnungsgemäß vorbereitet und eine würdige Person, zum Freimaurer gemacht zu werden.

*Der Zweite Diakon hält die rechte Hand des Kandidaten weiterhin fest. Leise sagt er ihm, dass er mit dem linken Fuß beginnen soll.*

*Er führt ihn entlang der Nordseite der Loge zur Nord-Ost-Ecke, wo die beiden 'im rechten Winkel' abschwenken (das sog. „Squaring"), dann an der Ostseite entlang zur Süd-Ost-Ecke, wieder 'squaring', und schließlich zur Ostseite des Pults des Zweiten Aufsehers. Dort bleiben sie parallel und in angemessener Entfernung zum Pult stehen.*

*An jeder Ecke wird der Kandidat vom 2D leise aufgefordert, mit dem linken Fuß weiterzugehen.*

*Währenddessen bringt der Erste Diakon das Kniekissen an seinen normalen Platz zurück und nimmt anschließend den Dolch vom Pult des Ersten Aufsehers und übergibt ihn dem Ehrwürdigen Meister. Danach setzt er sich.*

*Der 2D hält weiterhin die rechte Hand des Kandidaten fest und klopft mit dieser dreimal auf die rechte Schulter des Zweiten Aufsehers.*

**2A:** Wen führen Sie dort?

**2D:** Herrn …, einen armen Kandidaten im Zustand der Dunkelheit, der wohl und würdig empfohlen, ordnungsgemäß vorgeschlagen und in geöffneter Loge bestätigt wurde. Er kommt nun aus freiem Willen und Entschluss, ordnungsgemäß vorbereitet, in der demütigen Bitte, zu den Geheimnissen und Vorrechten der Freimaurerei zugelassen zu werden.

**2A:** Wie hofft er, diese Vorrechte zu erlangen?

**2D:** Mit Gottes Hilfe, als freier Mann und von gutem Ruf.

*Der Zweite Aufseher erhebt sich, wendet sich dem Kandidaten zu.*

*Der 2D legt die rechte Hand des Kandidaten in die des Zweiten Aufsehers.*

**2A:** Tretet ein – als freier Mann und von gutem Ruf. *Er gibt die rechte Hand des Kandidaten wieder zurück in die linke Hand des 2D und setzt sich.*

*Der 2D führt den Kandidaten zur Süd-West-Ecke der Loge, wieder mit rechtem Winkel (squaring), dann zur Südseite des Pults des Ersten Aufsehers, wo sie erneut parallel und in angemessener Entfernung zum Pult stehen bleiben.*

*Er klopft mit der rechten Hand des Kandidaten dreimal auf die rechte Schulter des Ersten Aufsehers.*

**1A:** Wen führen Sie dort?

**2D:** Herrn …, einen armen Kandidaten im Zustand der Dunkelheit, der wohl und würdig empfohlen, ordnungsgemäß vorgeschlagen und in geöffneter Loge bestätigt wurde. Er kommt nun aus freiem Willen und Entschluss, ordnungsgemäß vorbereitet, in der demütigen Bitte, zu den Geheimnissen und Vorrechten der Freimaurerei zugelassen zu werden.

**1A:** Wie hofft er, diese Vorrechte zu erlangen?

**2D:** Mit Gottes Hilfe, als freier Mann und von gutem Ruf.

*Der Erste Aufseher erhebt sich, wendet sich dem Kandidaten zu.*

*Der 2D legt die rechte Hand des Kandidaten in die des Ersten Aufsehers.*

**1A:** Tretet ein – als freier Mann und von gutem Ruf. *Er gibt die Hand wieder zurück in die des 2D und bleibt dabei stehen.*

*Der 2D führt den Kandidaten nun zur Nordseite des Pults des EO, macht mit ihm eine Linkswendung (gegen den Uhrzeigersinn), legt dessen rechte Hand in die linke Hand des EO und dreht den Kandidaten so, dass er nach Osten blickt. Der 2D steht links vom Kandidaten, ebenfalls nach Osten gewandt.*

*Der EO hebt die rechte Hand des Kandidaten, macht den Schritt und gibt das Lehrlings-Zeichen:*

**1A:** Ehrwürdiger Meister, ich stelle Ihnen Herrn … vor – einen Kandidaten, ordnungsgemäß vorbereitet, um zum Freimaurer gemacht zu werden.
*Er hält das Zeichen und die Hand weiter fest.*

# Initiation – Teil 4:
# Prüfung der Beweggründe und symbolischer Fortschritt

*Der Erste Aufseher senkt das Zeichen, übergibt die rechte Hand des Kandidaten in die linke Hand des Zweiten Diakons und setzt sich.*

*Der 2D nimmt die Hand des Kandidaten und stellt sich rechts von ihm auf, beide mit Blick nach Osten.*

**EM:** Erklären Sie auf Ihre Ehre hin mit voller Aufrichtigkeit: Sind Sie unbeeinflusst durch ungebührliche Überredung von Freunden oder gegen Ihre eigene Neigung, ebenso frei von geldlichen oder anderen unlauteren Beweggründen, sondern treten Sie aus freiem Willen und Entschluss als Kandidat für die Geheimnisse und Vorrechte der Freimaurerei ein?

*Der 2D spricht dem Kandidaten die Antwort vor:*

**Kandidat:** Ich bin es.

**EM:** Versprechen Sie ferner, dass Sie durch ein günstiges Vorurteil gegenüber der Institution, durch ein allgemeines Streben nach Erkenntnis und aus aufrichtigem Wunsch, Ihren Mitmenschen besser dienen zu können, zum Eintritt bewegt wurden?

**Kandidat:** Ich bin es.

**EM:** Erklären Sie weiterhin ernsthaft auf Ihre Ehre hin, dass Sie – weder aus Furcht noch aus Überstürzung handelnd – entschlossen sind, die Zeremonie Ihrer Aufnahme durchzuhalten und, wenn Sie erst einmal aufgenommen sind, künftig im Geiste der alten Gebräuche und festgelegten Sitten des Bundes zu handeln und zu leben?

**Kandidat:** Ich bin es.

**EM:** Bruder Erster Aufseher, Sie werden dem Zweiten Diakon befehlen, den Kandidaten in gehöriger Form zum Altar zu führen.

**1A:** Bruder Zweiter Diakon, auf Befehl des Ehrwürdigen Meisters führen Sie den Kandidaten in gehöriger Form zum Altar.

*Der 2D weist den Kandidaten an, mit dem linken Fuß zu beginnen, und führt ihn schräg zur Mitte vor dem Altar, etwa vier Fuß vom Pult des Ehrwürdigen Meisters entfernt. Er steht weiterhin rechts vom Kandidaten, hält dessen Hand und gibt ihm leise Anweisungen.*

*Der Kandidat wird angewiesen, die Füße zusammenzustellen, dann den rechten Fuß nach außen zu drehen, sodass dieser einen rechten Winkel bildet – der linke Fuß zeigt nach Osten, der rechte nach Süden.*

## 2D (laut):

Machen Sie einen kleinen Schritt mit dem linken Fuß und bringen Sie die Fersen in Quadratform zusammen.

Machen Sie einen weiteren Schritt, etwas größer, Fersen wie zuvor.

Einen dritten Schritt, noch größer, Fersen wieder in rechtwinkliger Form.

*Der Kandidat befindet sich nun in einer Position, aus der er knien kann, ohne weiter vorzurücken. Linker Fuß zeigt nach Osten, rechter im rechten Winkel (Quadrat) nach Süden.*

*Der Erste Diakon tritt gleichzeitig links vom Kandidaten hinzu, sodass alle drei – 2D, Kandidat, 1D – mit Blick nach Osten stehen.*

**EM:** Es ist meine Pflicht, Sie darüber zu belehren, dass die Freimaurerei frei ist und vollkommene innere Freiheit jedes Kandidaten voraussetzt. Sie gründet auf den reinsten Grundsätzen der Frömmigkeit und Tugend. Sie gewährt große und unschätzbare Vorrechte – aber nur solchen, die ihrer würdig sind. Deshalb werden auch Gelöbnisse der Treue verlangt. Ich versichere Ihnen jedoch, dass in diesen Gelöbnissen nichts enthalten ist, was Ihren bürgerlichen, moralischen oder religiösen Pflichten widerspricht. Sind Sie bereit, ein feierliches Gelöbnis abzulegen, das auf diesen

Prinzipien beruht und das Ihnen gebietet, die Geheimnisse und Mysterien des Bundes unversehrt zu bewahren?

**Kandidat:** Ich bin es.

**EM:** So knien Sie auf das linke Knie. Der rechte Fuß bleibt in Quadratform.
 Reichen Sie mir Ihre rechte Hand, die ich auf das Buch des Heiligen Gesetzes lege; Ihre linke Hand halten Sie unterdessen zur Unterstützung des Zirkels, von dem ein Schenkel Ihre entblößte linke Brust berührt.

*Der 2D hebt die rechte Hand des Kandidaten an, der 1D hebt die linke. Der EM platziert ein Schenkelpaar des Zirkels in die linke Hand des Kandidaten und richtet die Spitze auf dessen entblößte Brust. Der Kandidat hält den Zirkel in dieser Haltung.*

*Der EM schlägt mit dem Hammer, gefolgt vom EO und 2A:.*

*Alle stehen im Schritt und geben das Lehrlings-Zeichen. Die Diakone halten ihre Stäbe in der linken Hand, kreuzen sie über dem Kopf des Kandidaten, machen den Schritt und geben das Zeichen.*

# Initiation – Teil 5:
# Die Verpflichtung und die Lichtgebung

**EM:** Nennen Sie nun Ihren vollständigen Namen und wiederholen Sie nach mir:

*Ich, …, in Gegenwart des Großen Baumeisters des Universums und dieser würdigen, ehrwürdigen und regulär eingesetzten Freimaurerloge, regelmäßig versammelt und ordnungsgemäß geweiht, verspreche und schwöre hiermit aufrichtig und feierlich aus freiem Willen und Entschluss, dass ich stets hüten, verbergen und niemals enthüllen werde – weder ganz noch in Teilen – irgendeinen Punkt oder irgendeine Einzelheit der Geheimnisse oder Mysterien der Freimaurerei, wie sie mir bisher bekannt geworden sind oder mir jetzt oder zukünftig mitgeteilt werden, es sei denn, es geschieht gegenüber einem wahren und rechtmäßigen Bruder oder gegenüber Brüdern – und auch dann erst, nachdem ich durch genaue Prüfung, strenge Erprobung oder zuverlässige Information durch einen wohlbekannten Bruder gewiss bin, dass er oder sie dieses Vertrauens würdig ist – oder innerhalb einer gerechten, vollkommenen und regulären Loge der alten Freimaurer.*

*Ich gelobe ferner feierlich, dass ich diese Geheimnisse weder niederschreiben, aufzeichnen, einritzen, eingravieren noch auf irgendeine Weise darstellen oder dies von anderen tun lasse, wenn es in meiner Macht steht, es zu verhindern – weder auf beweglichen noch auf unbeweglichen Gegenständen unter dem Himmelsgewölbe –, wodurch auch nur der kleinste Buchstabe, das geringste Zeichen oder Fragment davon für mich oder irgendjemanden sonst sichtbar oder verständlich würde und dadurch unsere geheimen Künste und verborgenen Mysterien durch meine eigene Unwürdigkeit preisgegeben würden.*

*Diese einzelnen Punkte gelobe ich feierlich zu beachten – ohne Ausflucht, ohne Zweideutigkeit und ohne geistigen Vorbehalt irgendeiner Art – im sicheren Wissen, dass ich im Fall eines Bruchs dieses Gelöbnisses als vorsätzlicher Meineidiger gebrandmarkt, aller sittlichen Würde beraubt und völlig untauglich wäre, in dieser ehrwürdigen Loge oder in irgendeiner anderen anerkannten Loge oder Gesellschaft ehrenhafter Männer aufgenommen zu werden, die Ehre und Tugend höher schätzen als äußeren Rang und Reichtum.*

**So helfe mir Gott und halte mich fest in diesem meinem Großen und Feierlichen Gelöbnis als Freimaurer-Lehrling.**

*Alle senken das Zeichen. Die Diakone nehmen die Stäbe in die rechte Hand.*

*Der EM entfernt den Zirkel aus der Hand des Kandidaten. Der 1D senkt dessen linke Hand zur Seite; die rechte Hand verbleibt auf dem Buch des Heiligen Gesetzes.*

**EM:** Was Sie eben ausgesprochen haben, mag wie ein ernstes Versprechen erscheinen; doch um daraus ein feierliches Gelöbnis zu machen und Ihre Treue zu bekräftigen, sollen Sie es nun mit den Lippen auf dem Buch des Heiligen Gesetzes besiegeln.

*Der Kandidat kommt der Aufforderung nach.*

**EM:** Nachdem Sie über längere Zeit im Zustand der Dunkelheit verweilten – was ist nun, in Ihrer gegenwärtigen Lage, das vorherrschende Verlangen Ihres Herzens?

*Der 2D spricht dem Kandidaten die Antwort vor:*

**Kandidat:** Licht.

**EM:** Bruder Zweiter Diakon, möge dieser Segen dem Kandidaten zuteilwerden.

*Der 2D fängt den Blick des EM ein und signalisiert seine Bereitschaft.*

*Der EM hebt den Hammer, bewegt ihn nach links, nach rechts, dann hinab. In dem Moment, in dem der Hammer das Pult berührt, klatschen alle einmal in die Hände.*

*Der 2D entfernt gleichzeitig die Augenbinde.*

*Der EM wartet, bis sich der Kandidat an das Licht gewöhnt hat und fortfahren kann:*

**EM:** Nachdem Ihnen das materielle Licht wiedergegeben wurde, lenke ich Ihre Aufmerksamkeit nun auf das, was wir als die drei großen, wenngleich sinnbildlichen Lichter der Freimaurerei betrachten: Sie sind das Buch des Heiligen Gesetzes, das Winkelmaß und der Zirkel.

Die Heilige Schrift soll unseren Glauben leiten, das Winkelmaß unsere Handlungen regeln, und der Zirkel uns helfen, in rechtem Maß mit allen Menschen zu leben – insbesondere mit unseren Brüdern in der Freimaurerei.

*Der EM nimmt die rechte Hand des Kandidaten vom Buch des Heiligen Gesetzes in seine eigene rechte Hand.*

**EM:** Erheben Sie sich – neu verpflichteter Bruder unter Freimaurern.

*Der EM übergibt die rechte Hand des Kandidaten zurück an den 2D und setzt sich.*

*Der Erste Diakon kehrt auf seinen Platz zurück. Alle Brüder außer dem 2D und dem Kandidaten setzen sich.*

# Initiation – Teil 6:
# Die drei kleineren Lichter und die drei symbolischen Gefahren

*Der 2D nimmt die rechte Hand des Kandidaten, wendet sich nach links und führt ihn zur Nordseite des Altars des EM. Beide stehen parallel dazu, etwa zwei Fuß entfernt, und schauen nach Süden (zum EM). Dann lässt der 2D die Hand los.*

**EM:** Sie sind nun in der Lage, die drei kleineren Lichter zu erkennen; sie befinden sich im Osten, Süden und Westen und symbolisieren Sonne, Mond und den Meister der Loge.
 Die Sonne herrscht am Tage, der Mond bei Nacht – und der Meister soll seine Loge leiten und führen.

**EM:** Bruder …, durch Ihr sanftes und aufrichtiges Verhalten an diesem Abend sind Sie – sinnbildlich – drei großen Gefahren entgangen. Doch eine vierte, die auf Tradition beruht, hätte Sie bis zum letzten Augenblick Ihres Daseins erwartet.

*Der EM steht auf, nimmt den Dolch vom Pult, zieht ihn aus der Scheide und zeigt ihn dem Kandidaten, während er weiter-spricht:*

**EM:** Die beiden Gefahren, denen Sie entgangen sind, waren die des Erstechens und des Erdrosselns.
 Denn beim Eintritt in die Loge wurde Ihnen dieser Dolch an

Ihre entblößte linke Brust gehalten – was bedeutete: Hätten Sie unbedacht versucht, voranzustürmen, so hätten Sie sich Ihrer eigenen Tötung mitschuldig gemacht, indem Sie aufgespießt worden wären, während der Bruder, der ihn hielt, in seiner Pflicht standhaft geblieben wäre.

*Der EM steckt den Dolch wieder in die Scheide und legt ihn zurück.*

*Der 2D entfernt nun das Kabeltau (Seil) vom Hals des Kandidaten und übergibt es dem EM.*

**EM (zeigt das Seil):** Es gab auch dieses Kabeltau mit der laufenden Schlinge um Ihren Hals. Hätten Sie versucht, sich zurückzuziehen, hätte es Ihnen ebenfalls tödlich zum Verhängnis werden können.

*Der EM reicht das Kabeltau dem Altmeister.*

**EM:** Die Gefahr jedoch, die Ihnen nach unserer Tradition bis zu Ihrer letzten Stunde gedroht hätte, war die physische Strafe, die einst mit dem Eid eines Freimaurers verbunden war: dass man Ihnen bei Verrat die Kehle durchschneiden, die Zunge an der Wurzel herausreißen und sie im Sand des Meeres begraben würde – bei Ebbe, eine Seillänge vom Ufer entfernt –, wo das Wasser zweimal täglich fließt und zurückkehrt.

**EM:** Die Aufnahme dieser Strafandrohung ist heute nicht mehr notwendig. Denn das Gelöbnis, das Sie heute abgelegt haben, bindet Sie für den Rest Ihres Lebens.

**EM:** Da Sie nun das Große und Feierliche Gelöbnis eines Freimaurers abgelegt haben, darf ich Ihnen die Geheimnisse dieses Grades anvertrauen – jene Kennzeichen, durch die wir einander erkennen und uns von der übrigen Welt unterscheiden.

Doch vorab zu Ihrer allgemeinen Belehrung: Alle Winkelmaße, Wasserwaagen und Lotlinien sind wahre und gültige Zeichen zur Erkennung eines Freimaurers.

Sie werden daher angewiesen, vollkommen aufrecht zu stehen.

*Der Kandidat richtet sich auf.*

**EM:** Ihre Füße sollen ein Quadrat bilden.

*Der Kandidat befolgt die Anweisung.*

**EM:** Ihr Körper symbolisiere Ihre Gesinnung, Ihre Füße den aufrichtigen Wandel.

*Der EM fährt fort:*

**EM:** Machen Sie nun einen kurzen Schritt mit dem linken Fuß, und bringen Sie die rechte Ferse in dessen Hohlraum.

*Der Kandidat befolgt die Anweisung.*

**EM:** Das ist der erste reguläre Schritt in der Freimaurerei – und in dieser Stellung werden die Geheimnisse des Grades vermittelt.

Sie bestehen aus einem **Zeichen**, einem **Griff** und einem **Wort**.

*Der EM tritt vor, steht dem Kandidaten gegenüber und nimmt den Schritt.*

**EM:** Legen Sie Ihre rechte Hand so an die Kehle, dass der Daumen nach links zeigt und einen rechten Winkel bildet.

*Der EM demonstriert dies und achtet darauf, dass der Kandidat es korrekt nachmacht.*

**EM:** Das Zeichen wird wie folgt gegeben: Führen Sie Ihre Hand rasch über die Kehle und lassen Sie sie an der Seite fallen.

143

*Der EM zeigt es und vergewissert sich, dass der Kandidat es ebenfalls richtig ausführt.*

**EM:** Dieses Zeichen erinnert an die symbolische Strafe des Grades: Ein Freimaurer würde sich – als Mann von Ehre – eher die Kehle durchschneiden lassen, als die ihm anvertrauten Geheimnisse ungebührlich preiszugeben.

*Der EM erklärt den Griff:*

**EM:** Der Griff oder das Erkennungszeichen wird so gegeben: Ich nehme Ihre rechte Hand und positioniere Ihren Daumen über dem ersten Fingergelenk Ihrer Hand – dann setze ich meinen eigenen Daumen mit spürbarem Druck auf denselben Punkt.

*Der EM demonstriert und hilft dem Kandidaten, die richtige Position einzunehmen.*

**EM:** Dieser Griff – wenn richtig gegeben und erwidert – erlaubt es, einen Bruder bei Tag wie bei Nacht zu erkennen.

**EM:** Dieser Griff verlangt ein Wort – ein Wort von hohem Wert unter Freimaurern, das als Schutz ihrer Vorrechte dient. Man kann nicht vorsichtig genug sein, wenn man es weitergibt. Es darf niemals vollständig ausgesprochen werden, sondern nur **buchstabiert oder halbiert** werden.

**EM:** Zunächst jedoch muss ich Ihnen sagen, wie dieses Wort lautet: Es ist **Boas**.

*Der 2D spricht dem Kandidaten das Wort deutlich vor:*

**2D:** Boas.

**EM:** B – O – A – S.

*Der 2D spricht dem Kandidaten diese Buchstaben einzeln vor; der Kandidat wiederholt sie.*

*Der EM behält den Griff währenddessen bei:*

**EM:** Da Sie im Verlauf der Zeremonie nach diesem Wort gefragt werden, wird der 2D Ihnen nun die Antworten einprägen, die Sie zu geben haben:

**EM:** Was ist das?

**2D (dem Kandidaten vorsprechend):** Der Griff oder das Erkennungszeichen eines Freimaurer-Lehrlings.

**EM:** Was verlangt es?

**2D:** Ein Wort.

**EM:** Geben Sie mir dieses Wort.

**2D:** Bei meiner Aufnahme wurde mich Vorsicht gelehrt; ich werde es mit Ihnen buchstabieren oder halbieren.

**EM:** Wie Sie wünschen – beginnen Sie.

**2D:** BO.

**EM:** AS.

**2D:** BOAS.

**EM:** Dieses Wort stammt von der linken Säule am Eingang zum Tempel Salomos und ist nach Boas benannt, dem Urgroßvater Davids – einem Fürsten und Herrscher Israels. Die Bedeutung dieses Wortes lautet: **In Stärke.**

**EM:** Treten Sie ein – mit Boas.

*Der EM übergibt die rechte Hand des Kandidaten wieder in die linke Hand des 2D und setzt sich.*

# Initiation – Teil 7:
# Bestätigung durch die Aufseher und Investitur mit der Schürze

*Der 2D wendet sich nach rechts, hält weiterhin die rechte Hand des Kandidaten fest, führt ihn zur Süd-Ost-Ecke, wo sie erneut im rechten Winkel (squaring) abbiegen, dann weiter zur Ostseite des Pults des Zweiten Aufsehers. Dort stellen sie sich parallel und in angemessenem Abstand auf.*

*Der 2D lässt die Hand des Kandidaten los, stellt seinen Stab mit dem unteren Ende auf den Boden, das obere Ende ruht an seiner rechten Schulter. Er macht den Schritt und gibt das Zeichen des Lehrlings:*

**2D:** Bruder Zweiter Aufseher, ich stelle Ihnen Bruder ... vor, auf seine Aufnahme hin.
 *Er senkt das Zeichen, nimmt den Stab wieder in die rechte Hand.*

**2A:** Ich ersuche Bruder ..., als Freimaurer auf mich zuzugehen.

*Der 2D flüstert dem Kandidaten zu, den Schritt zu machen, das Zeichen des Lehrlings zu geben und es danach zu senken. Er achtet darauf, dass der Kandidat es korrekt ausführt.*

**2A:** Haben Sie etwas mitzuteilen?

**2D (vorsprechend):** Ich habe.

*Der 2A: erhebt sich, steht dem Kandidaten gegenüber und macht den Schritt. Er streckt ihm die Hand entgegen.*

*Der 2D legt die rechte Hand des Kandidaten in die des 2A: und richtet den Griff von oben ein.*

*Der 2A: gibt den Griff, nachdem der 2D den Daumen des Kandidaten korrekt positioniert hat. Er hält den Griff während des gesamten folgenden Austauschs:*

**2A:** Was ist das?

**2D (vorsprechend):** Der Griff oder das Erkennungszeichen eines Freimaurer-Lehrlings.

**2A:** Was verlangt es?

**2D:** Ein Wort.

**2A:** Geben Sie mir dieses Wort.

**2D:** Bei meiner Aufnahme wurde mir Vorsicht gelehrt; ich werde es mit Ihnen buchstabieren oder halbieren.

**2A:** Wie Sie wünschen – beginnen Sie.

**2D:** B.

**2A:** O.

**2D:** A.

**2A:** Z.

**2D:** BO.

**2A:** AS.

**2D:** BOAS.

**2A:** Tretet ein – mit Boas.

*Der 2A: gibt die Hand des Kandidaten in die linke Hand des 2D zurück und setzt sich.*

*Der 2D führt den Kandidaten über die Süd-West-Ecke – im rechten Winkel abbiegend – zur Südseite des Pults des Ersten Aufsehers. Beide stehen parallel und in angemessenem Abstand. Der 2D lässt die Hand los.*

*Er stellt seinen Stab wie zuvor auf, macht den Schritt und gibt das Zeichen des Lehrlings:*

**2D:** Bruder Erster Aufseher, ich stelle Ihnen Bruder … vor, auf seine Aufnahme hin.
 *Er senkt das Zeichen, nimmt den Stab wieder in die rechte Hand.*

**1A:** Ich ersuche Bruder …, als Freimaurer auf mich zuzugehen.

*Der 2D gibt dem Kandidaten im Flüsterton Anweisung, **nur** den Schritt zu machen – nicht das Zeichen.*

**1A:** Was ist das?

**2D (vorsprechend):** Der erste reguläre Schritt in der Freimaurerei.

**1A:** Bringen Sie noch etwas mit?

**2D:** Ich bringe etwas mit.

*Der 2D weist den Kandidaten an, das Zeichen des Lehrlings zu geben und es dann zu senken.*

**1A:** Was ist das?

**2D:** Das Zeichen eines Freimaurer-Lehrlings.

**1A:** Worauf bezieht es sich?

**2D:** Auf die symbolische Strafe dieses Grades, die besagt, dass ein ehrenhafter Freimaurer sich eher die Kehle hätte durchschneiden lassen, als die ihm anvertrauten Geheimnisse preiszugeben.

**1A:** Haben Sie noch etwas mitzuteilen?

**2D:** Ich habe.

*Der EO erhebt sich, steht dem Kandidaten gegenüber, macht den Schritt und reicht ihm die Hand.*

*Der 2D legt die rechte Hand des Kandidaten in die des EO und richtet von oben den Griff aus.*

*Der EO gibt den Griff (nachdem der 2D den Daumen des Kandidaten angepasst hat) und hält ihn während der folgenden Fragen:*

**1A:** Was ist das?

**2D:** Der Griff oder das Erkennungszeichen eines Freimaurer-Lehrlings.

**1A:** Was verlangt es?

**2D:** Ein Wort.

**1A:** Geben Sie mir dieses Wort.

**2D:** Bei meiner Aufnahme wurde mir Vorsicht gelehrt; ich werde es mit Ihnen buchstabieren oder halbieren.

**1A:** Wie Sie wünschen – beginnen Sie.

**2D:** BO.

**1A:** AZ.

**2D:** BOAS.

**1A:** Woher stammt dieses Wort?

**2D:** Von der linken Säule am Eingang des Tempels Salomos, benannt nach Boas, dem Urgroßvater Davids – einem Fürsten und Herrscher Israels.

**1A:** Was bedeutet dieses Wort?

**2D:** Stärke.

**1A:** Tretet ein – mit Boas.

*Der EO übergibt die Hand des Kandidaten wieder in die linke Hand des 2D und bleibt stehen.*

*Der 2D führt den Kandidaten zur Nordseite des Pults des EO (indem sie davor vorbeigehen), macht mit ihm eine Linkswendung (gegen den Uhrzeigersinn), legt dessen rechte Hand in die linke Hand des EO und stellt sich links vom Kandidaten auf – beide mit Blick nach Osten.*

*Der EO hebt die rechte Hand des Kandidaten, macht den Schritt und gibt das Zeichen des Lehrlings:*

**1A:** Ehrwürdiger Meister, ich stelle Ihnen Bruder … vor, auf seine Aufnahme hin – für eine sichtbare Auszeichnung.

**EM:** Bruder Erster Aufseher, ich beauftrage Sie, ihn mit dem kennzeichnenden Abzeichen eines Freimaurers auszustatten.

*Der EO senkt das Zeichen, lässt die Hand des Kandidaten los und legt ihm – dem Kandidaten zugewandt – die Schürze des Lehrlings an.*

*Er hebt mit der linken Hand die untere rechte Ecke der Schürze an:*

**1A:** Bruder …, auf Befehl des Ehrwürdigen Meisters verleihe ich Ihnen das kennzeichnende Abzeichen eines Freimaurers.
 Es ist älter als das Goldene Vlies oder der Römische Adler, ehrenvoller als der Hosenbandorden oder irgendein anderer Orden, denn es ist das Abzeichen der Unschuld und das Band der   Freundschaft.
 Ich ermahne Sie nachdrücklich, es stets in diesem Geiste zu tragen   und   zu   betrachten.
 Und   ich   teile   Ihnen   mit:   Wenn   Sie   dieses   Abzeichen   nie entehren – *er schlägt leicht mit der rechten Hand auf die Schürze des Kandidaten,*
 – so wird es Sie auch nie entehrend zurücklassen.

*Alle Brüder schlagen gleichzeitig auf ihre eigenen Schürzen.*

*Der EO übergibt die rechte Hand des Kandidaten wieder in die linke Hand des 2D und setzt sich.*

154

# Initiation – Teil 8:
# Bruderliebe und die symbolische Stellung im Nordosten

*Der 2D nimmt die rechte Hand des Kandidaten vom EO entgegen, stellt sich rechts vom Kandidaten auf – beide mit Blick nach Osten – und lässt dessen Hand los.*

**EM:** Erlauben Sie mir, den Worten des Ersten Aufsehers hinzuzufügen:

Sie sollen dieses Abzeichen niemals anlegen, wenn Sie beabsichtigen, eine Loge zu betreten, in der sich ein Bruder befindet, mit dem Sie im Zwist stehen oder gegen den Sie Groll hegen.

In einem solchen Fall wird erwartet, dass Sie ihn einladen, sich mit Ihnen zurückzuziehen, um die Differenzen gütlich beizulegen. Wenn dies gelungen ist, dürfen Sie sich bekleiden, eintreten und gemeinsam in jener Liebe und Harmonie arbeiten, die Freimaurer stets auszeichnen sollen.

Sind die Differenzen jedoch so tiefgreifend, dass sie sich nicht einfach beilegen lassen, dann ist es besser, wenn einer oder beide die Loge verlassen, als dass ihre Gegenwart die Harmonie der Loge stört.

**EM:** Bruder Zweiter Diakon, führen Sie unseren neu aufgenommenen Bruder in den Nordosten der Loge.

*Der 2D nimmt die rechte Hand des Kandidaten und führt ihn entlang der Nordseite zur Nord-Ost-Ecke der Loge. Beide stehen, soweit möglich, nahe der Ecke und blicken nach Süden. Der 2D lässt die Hand los.*

**2D:** Linker Fuß quer zur Loge, rechter Fuß entlang der Loge – achten Sie auf den Ehrwürdigen Meister.

**EM:** Es ist Brauch, bei der Errichtung jeder prächtigen und erhabenen Bauanlage den Grund- oder Eckstein an der Nord-Ost-Ecke zu legen.

Da Sie heute neu in die Freimaurerei aufgenommen wurden, stellen wir Sie sinnbildlich in den Nordosten der Loge, um diesen Eckstein zu repräsentieren.
 Möge sich auf dem Fundament, das heute Abend gelegt wurde, ein Bau erheben, vollkommen in seinen Teilen und ehrenvoll für seinen Erbauer.

**EM:** Nach außen hin stehen Sie nun als ein gerechter und aufrechter Freimaurer. Und ich spreche es in nachdrücklichen Worten aus: Bleiben Sie es – in Erscheinung wie im Wesen.

In der Tat werde ich Ihre Grundsätze sogleich auf die Probe stellen – durch eine Übung jener Tugend, die man mit Recht als das Erkennungsmerkmal eines freimaurerischen Herzens bezeichnen darf:
 Ich spreche von der **Wohltätigkeit**.

Ich muss hier nicht lange über ihre Vorzüge sprechen; zweifellos haben Sie sie bereits selbst empfunden und praktiziert.

Es genügt, daran zu erinnern: Wohltätigkeit hat die Zustimmung von Himmel und Erde – und wie ihre Schwester, die Barmherzigkeit, segnet sie sowohl den, der gibt, als auch den, der empfängt.

In einer so weit verbreiteten Bruderschaft wie der unseren – deren Zweige über alle vier Himmelsrichtungen ausgebreitet sind – lässt sich nicht leugnen, dass unter unseren Mitgliedern viele Menschen von Rang und Reichtum zu finden sind. Doch ebenso wenig kann verschwiegen werden, dass unter den vielen Tausenden, die unter unserem Banner wandeln, auch Brüder sind, die – durch Schicksalsschläge und Not – an den Rand des Elends und der Bedürftigkeit geraten sind.

Für diese Brüder ist es üblich, das Herz jedes neu aufge-nommenen Bruders durch einen bescheidenen Appell an seine Wohltätigkeit zu öffnen – im Rahmen seiner Lebensver-hältnisse.

Was immer Sie also zu geben bereit sind, überreichen Sie es bitte dem Zweiten Diakon. Es wird mit Dank angenommen und treu weitergegeben werden.

*Der 2D tritt vor den Kandidaten, stellt sich ihm gegenüber und hält die Almosenschale vor.*

**2D:** Haben Sie etwas zu geben – für den Zweck der Wohl-tätigkeit?

*Kandidat antwortet …*

*Wenn der Kandidat nicht sofort antwortet, fährt der 2D fort:*

**2D:** Wurden Sie vor dem Eintritt in die Loge aller Wertge-genstände beraubt?

*Kandidat antwortet: Ja.*

**2D:** Wären Sie bereit gewesen zu geben, wenn dies nicht geschehen wäre?

*Kandidat antwortet: Ja.*

*Der 2D wendet sich nach rechts, steht nun wieder dem EM gegenüber, macht den Schritt und gibt das Zeichen des Lehrlings, das er hält. Den Stab belässt er an der rechten Schulter:*

**2D:** Ehrwürdiger Meister, unser neu aufgenommener Bruder erklärt, er sei vor dem Eintritt seiner Wertgegenstände beraubt worden – sonst hätte er gerne gegeben.

*Er senkt das Zeichen und kehrt zurück zur rechten Seite des Kandidaten.*

**EM:** Ich beglückwünsche Sie zu den edlen Regungen, die Sie leiten – und ebenso zu der Lage, die Sie heute daran hindert, diesen Regungen Ausdruck zu verleihen.

Glauben Sie mir, dieser Test geschah nicht, um mit Ihren Gefühlen zu spielen – fern sei uns eine solche Absicht. Er wurde aus drei besonderen Gründen vorgenommen:

Erstens, wie ich eingangs sagte, um Ihre Grundsätze zu prüfen.

Zweitens, um den Brüdern zu zeigen, dass Sie kein Geld oder Metall bei sich tragen – denn wäre dem so gewesen, hätte die bisherige Zeremonie wiederholt werden müssen.

Drittens, als Mahnung an Ihr eigenes Herz:
 Sollten Sie je einem Bruder begegnen, der in Not ist und um Ihre Hilfe bittet, so erinnern Sie sich bitte an den Moment Ihrer Aufnahme – als Sie arm und mittellos waren – und ergreifen Sie freudig die Gelegenheit, jene Tugend zu üben, die Sie heute gelobt haben zu achten.

# Initiation – Teil 9:
# Die Werkzeuge und Entlassung

*Der Altmeister hat, sofern noch nicht geschehen, die Arbeitswerkzeuge auf dem Pult des Ehrwürdigen Meisters bereitgelegt.*

*Der 2D nimmt die rechte Hand des Kandidaten und stellt ihn vor den EM, so nahe am Pult, dass der Kandidat die Werkzeuge gut sehen kann. Dann lässt der 2D die Hand wieder los.*

**EM:** Ich überreiche Ihnen nun die Arbeitswerkzeuge eines Freimaurer-Lehrlings. Es sind:

– das **Maß von 24 Zoll**,
– der **Hammer** (Gavel),
– und der **Meißel**.

Das Maß dient dazu, unsere Arbeit zu bemessen,
  der Hammer, um alle überstehenden Knollen und Unregelmäßigkeiten abzuschlagen,
  und der Meißel, um den Stein weiter zu glätten und vorzubereiten, damit er den Händen des erfahrenen Werkmeisters übergeben werden kann.

Doch da wir nicht alle operative Freimaurer sind, sondern vielmehr freie und angenommene – also spekulative –

Freimaurer, wenden wir diese Werkzeuge auf die Sittenlehre an.

In diesem Sinne bedeutet:

– Das **Maß** die 24 Stunden des Tages –
ein Teil sei der Andacht zu Gott gewidmet,
ein Teil der Arbeit und der Erholung,
und ein Teil dem Dienst am Freund oder Bruder in Zeiten der Not –
ohne Schaden für uns selbst oder unsere Angehörigen.

– Der **Hammer** steht für die Kraft des Gewissens,
die alle eitlen und unziemlichen Gedanken niederhalten soll,
welche während der genannten Zeiträume in uns aufsteigen könnten,
damit unsere Worte und Taten unbefleckt zum Throne der Gnade emporsteigen.

– Der **Meißel** weist uns auf die Bedeutung der Bildung hin,
durch die allein wir zu brauchbaren Gliedern einer geordneten Gesellschaft werden.

**EM:** Da im Verlauf dieses Abends gewisse Gebühren für Ihre Aufnahme fällig werden, ist es angemessen, dass Sie wissen, auf welcher Grundlage wir handeln.

Dies hier ist unsere **Urkunde (Patent)** – das Gründungs-dokument unserer Loge – ausgestellt von der Großloge von England.
*Er öffnet und zeigt sie dem Kandidaten.*
Sie steht Ihnen heute oder bei jeder künftigen Gelegenheit zur Einsicht offen.

Dies ist das **Buch der Konstitutionen** – *er reicht dem Kandidaten ein Exemplar,*
und dies sind unsere **Logengesetze** – *ebenfalls ein Exemplar wird überreicht.*

Beide empfehle ich Ihrer ernsthaften Lektüre.
Das eine wird Sie in Ihre Pflichten gegenüber dem Gesamtbund unterweisen,
das andere in jene gegenüber dieser Loge im Besonderen.

**EM:** Sie dürfen sich nun zurückziehen, um Ihre persönliche Erscheinung wiederherzustellen. Bei Ihrer Rückkehr in die Loge werde ich Ihre Aufmerksamkeit auf eine Belehrung lenken, die auf den Vorzügen der Institution und der Qualifikation ihrer Mitglieder gründet.

*Der 2D nimmt die rechte Hand des Kandidaten, wendet sich gegen den Uhrzeigersinn, sodass der Kandidat nach Westen schaut, und führt ihn direkt – ohne „Squaring" – zur Nordseite des Pults des Ersten Aufsehers. Dort dreht er den Kandidaten im Uhrzeigersinn, sodass dieser nach Osten blickt. Dann lässt er die Hand los.*

**2D (flüsternd):** Grüßen Sie den Ehrwürdigen Meister als Freimaurer.

*Er gibt dem Kandidaten leise Anweisung, den Schritt zu machen, das Zeichen des Lehrlings zu geben und es dann zu senken, und achtet auf die korrekte Ausführung.*

*Der 2D nimmt erneut die rechte Hand des Kandidaten, macht mit ihm eine Linksdrehung (gegen den Uhrzeigersinn) und führt ihn zur Tür.*

*Der Innere Wächter geht zur Tür, öffnet sie dem 2D, schließt und verriegelt sie wieder, nachdem der Kandidat hinausgegangen ist.*

*2D und IW kehren auf ihre Plätze zurück.*

# Initiation – Teil 10:
# Rückkehr und feierliche Schlussbelehrung

*Der Kandidat hat draußen seine normale Kleidung wieder angelegt, trägt jedoch weiterhin die Schürze eines Lehrlings.*

*Wenn der Kandidat bereit ist, gibt der Tiler das Lehrlings-Klopfzeichen an die Tür.*

*Der Innere Wächter erhebt sich vor seinem Stuhl, macht den Schritt und gibt das Zeichen des Lehrlings:*

**IW:** Bruder Zweiter Aufseher, es gibt ein Zeichen.

*Der Zweite Aufseher, noch sitzend, schlägt einmal mit dem Hammer.*

*Der IW senkt das Zeichen, geht zur Tür, öffnet sie und schaut hinaus, ohne zu sprechen.*

**Tiler:** Der Kandidat ist zurückgekehrt.

*Der IW macht keine Antwort, schließt die Tür, verriegelt sie wieder, kehrt vor seinen Stuhl zurück, macht den Schritt und gibt das Zeichen des Lehrlings, das er hält:*

**IW:** Ehrwürdiger Meister, der Kandidat ist zurückgekehrt.

**EM:** Lassen Sie ihn eintreten.

*Der IW senkt das Zeichen, wartet auf das Eintreffen des 2D und öffnet dann die Tür.*

*Der 2D folgt dem IW zur Tür.*

*Der IW öffnet die Tür und lässt den Kandidaten eintreten.*

*Der 2D nimmt den Kandidaten in Empfang und führt ihn an der rechten Hand zur Nordseite des Pults des Ersten Aufsehers. Beide blicken nach Osten. Dann lässt der 2D die Hand los.*

*Der IW schließt die Tür, verriegelt sie, kehrt zu seinem Platz zurück und setzt sich.*

**2D:** Grüßen Sie den Ehrwürdigen Meister als Freimaurer.

*Beide bleiben stehen – ohne Händedruck – an der Nordseite des Pults des Ersten Aufsehers, während der Ehrwürdige Meister die feierliche Belehrung spricht.*

# Schlussbelehrung
# (Charge after Initiation)

**EM:** Bruder …, da Sie nun das Zeremoniell Ihrer Aufnahme durchlaufen haben, beglückwünsche ich Sie zur Aufnahme in unsere alte und ehrwürdige Institution.

Ehrwürdig ist sie zweifellos – denn sie besteht seit unvordenklicher   Zeit.
 Und ehrenvoll muss sie genannt werden – denn sie trägt in sich das natürliche Bestreben, jene, die ihren Grundsätzen gehorchen, ebenfalls ehrenhaft zu machen.

Keine andere Institution kann sich auf ein solideres Fundament stützen als die Freimaurerei –
 nämlich: auf die Ausübung jeder sittlichen und sozialen Tugend.

Zu einer solch hohen Anerkennung hat sie es gebracht,
 dass in allen Zeitaltern selbst Monarchen ihre Förderer waren,
 es nicht unter ihrer Würde fanden, das Zepter gegen den Maurerhammer zu tauschen,
 unsere Mysterien unterstützten und an unseren Versammlungen teilnahmen.

**EM:** Als Freimaurer lege ich Ihnen das **Buch des Heiligen Gesetzes** zur ernsthaftesten Betrachtung ans Herz.
 Betrachten Sie es als das unfehlbare Maß von Wahrheit und Gerechtigkeit                               –
 und regeln Sie Ihre Handlungen nach den göttlichen Geboten, die es enthält.

Darin werden Sie die hohen Pflichten gelehrt,
 – gegenüber **Gott**,
 – gegenüber Ihrem **Nächsten**,
 – und gegenüber **sich selbst**.

Gegenüber **Gott**, indem Sie seinen Namen nie anders als mit Ehrfurcht aussprechen,
 seine Hilfe bei allen rechtmäßigen Unternehmungen erflehen, und in jeder Not auf seinen Trost und Beistand vertrauen.

Gegenüber Ihrem **Nächsten**, indem Sie gerecht mit ihm handeln,
 ihn mit Barmherzigkeit unterstützen,
 seine Not lindern, seine Trübsal mildern
 und ihm so begegnen, wie Sie es sich in seiner Lage selbst wünschen würden.

Gegenüber **sich selbst**, durch ein kluges und maßvolles Leben,
 das Körper und Geist in ihrer vollen Kraft erhält
 und Sie befähigt, Ihre von Gott gegebenen Gaben
 zu seiner Ehre und zum Wohl Ihrer Mitmenschen einzusetzen.

**EM:** Als Bürger der Welt seien Sie gewissenhaft in der Erfüllung Ihrer staatsbürgerlichen Pflichten:
Seien Sie niemals an Taten beteiligt – oder dulden Sie solche –,
die den Frieden oder die Ordnung der Gesellschaft untergraben könnten.
Gehorchen Sie den Gesetzen des Landes, in dem Sie leben oder Schutz finden.
Und vor allem: Vergessen Sie nie Ihre **Treue zum angestammten Vaterland**,
dessen Boden Sie geboren und erzogen hat – diese natürliche und unauflösliche Bindung liegt in Ihrem Herzen.

**EM:** Als Mensch seien Sie ein Vorbild häuslicher wie allgemeiner (öffentlicher) Tugend:

– **Klugheit** leite Sie,
– **Mäßigung** zügle Sie,
– **Tapferkeit** stärke Sie,
– **Gerechtigkeit** sei das Maß all Ihrer Handlungen.

Achten Sie besonders jene maurerischen Tugenden, die Ihnen bereits ausführlich dargestellt wurden: **Wohlwollen** und **Wohltätigkeit**.

**EM:** Und weiterhin gibt es Eigenschaften, auf die Sie als Freimaurer besonderes Augenmerk legen sollten:
an erster Stelle **Verschwiegenheit**, **Treue** und **Gehorsam**.


– **Verschwiegenheit** heißt,
 die Ihnen anvertrauten Geheimnisse unverbrüchlich zu bewahren
 und jede Gelegenheit zu meiden, die unbeabsichtigte Offenbarung verursachen könnte.


– **Treue** bedeutet,
 den Konstitutionen des Bundes strikt zu folgen,
 die alten Landmarken zu achten,
 niemals unerlaubt höhere Grade zu erkunden
 und niemandem Einlass in unsere Geheimnisse zu empfehlen,
 ohne begründete Gewissheit, dass er diese Treue ebenso bewahren wird.


– **Gehorsam** zeigt sich durch Achtung vor unseren Gesetzen und Satzungen,
 durch bereitwillige Reaktion auf Zeichen und Einladungen,
 durch würdiges Verhalten in der Loge,
 durch Vermeidung religiöser oder politischer Diskussionen,
 durch Zustimmung zu rechtmäßig gefassten Beschlüssen,
 und durch Unterordnung unter den Meister und seine Aufseher –
 solange diese ihre Ämter ausüben.

**EM:** Und abschließend:
Widmen Sie sich Tätigkeiten, die Sie ehrenvoll im Leben, nützlich für Ihre Mitmenschen und zu einer Zierde unseres Bundes machen.

Studieren Sie – soweit es in Ihrer Reichweite liegt –
die **freien Künste und Wissenschaften** und streben Sie –
ohne Ihre Alltagsaufgaben zu vernachlässigen –
nach einem täglichen Fortschritt im maurerischen Wissen.

**EM:** Aufgrund Ihrer lobenswerten Aufmerksamkeit auf diese Worte hoffe ich,
dass Sie den wahren Wert der Freimaurerei erkennen und sich die heiligen Gebote von **Wahrheit**, **Ehre** und **Tugend** unauslöschlich in Ihr Herz prägen.

*Der 2D führt den Kandidaten zu einem Platz neben dem Ersten Diakon. Beide setzen sich.*

# Teil 11: Schließung

**Der Ehrwürdige Meister schlägt einmal mit dem Hammer, was vom Ersten und vom Zweiten Aufseher wiederholt wird.**

**EM:** Brüder, helft mir, die Loge zu schließen.
*Alle stehen auf.*

**EM:** Bruder Zweiter Aufseher, was ist die erste Pflicht eines Freimaurers?

**2A:** Zu sehen, dass die Loge sicher geschlossen ist.

**EM:** Sehen Sie zu, dass diese Pflicht erfüllt ist.

**2A:** Bruder Innerer Wächter, prüfen Sie, ob die Loge sicher geschlossen ist.

*Der Innere Wächter geht zur Tür, öffnet sie nicht, klopft dreimal deutlich und kehrt vor seinen Stuhl zurück.*

*Der Tiler antwortet mit demselben Klopfzeichen.*

**IW (ohne Zeichen):** Bruder Zweiter Aufseher, die Loge ist sicher geschlossen.

**2A:** klopft dreimal deutlich (ohne Zeichen) und spricht dann:

**2A:** Ehrwürdiger Meister, die Loge ist sicher geschlossen.

**EM:** Bruder Erster Aufseher, was ist die nächste Pflicht?

**1A:** Zu sehen, dass sich nur Freimaurer in der Loge befinden.

**EM:** Zur Ordnung im Lehrlingsgrad, meine Brüder!

*Alle Brüder geben das Zeichen.*

**EM:** Bruder Zweiter Aufseher, wie viele Hauptbeamte hat die Loge?

**2A:** Drei: den Ehrwürdigen Meister, den Ersten und den Zweiten Aufseher.

**EM:** Bruder Erster Aufseher, wie viele Nebenbeamte hat die Loge?

**1A:** Drei, neben dem Tiler oder Äußeren Wächter – nämlich den Ersten und Zweiten Diakon sowie den Inneren Wächter.

**EM zum 2A:** Wo ist der Platz des Zweiten Aufsehers in der Loge?

**2A:** Im Süden, Ehrwürdiger Meister.

**EM:** Warum ist er dort platziert?

**2A:** Um die Sonne im Zenit zu markieren, die Brüder von der Arbeit zur Erholung und von der Erholung zurück zur Arbeit zu rufen, damit Nutzen und Freude das Ergebnis seien.

**EM zum 1A:** Wo ist Ihr Platz in der Loge?

**1A:** Im Westen, Ehrwürdiger Meister.

**EM:** Warum sind Sie dort platziert?

**1A:** Um den Sonnenuntergang zu markieren, die Loge auf Befehl des Ehrwürdigen Meisters zu schließen, nachdem sichergestellt wurde, dass jeder Bruder sein Recht erhalten hat.

**EM:** Wo ist der Platz des Ehrwürdigen Meisters?

**1A:** Im Osten, Ehrwürdiger Meister.

**EM:** Warum ist er dort platziert?

**1A:** Um den Sonnenaufgang zu markieren, um die Loge zu eröffnen und die Brüder in der Freimaurerei zu beschäftigen und zu unterweisen.

**EM:** Da die Sonne nun untergeht und unsere Arbeiten zu Ende geführt sind, so wollen wir, bevor wir die Loge schließen, die Hilfe des Großen Baumeisters des Universums anrufen: Möge der Segen des Himmels auf uns ruhen und unsere Werke der Liebe und Brüderlichkeit stets fördern.

**Altmeister:** So soll es sein.

**EM:** Brüder, im Namen des Großen Baumeisters des Universums erkläre ich diese Loge für ordentlich geschlossen – *alle geben das Zeichen* – zum Zwecke der Freimaurerei im Ersten Grad.

*Der EM gibt das Lehrlings-Klopfzeichen.*

*Der EO wiederholt das Zeichen und hebt das Zepter.*

*Der 2A: gibt das Zeichen und senkt das Zepter.*

*Der IW geht zur Tür, gibt das Zeichen und kehrt zurück.*

*Der Tiler antwortet mit dem Zeichen.*

*Der Altmeister schließt die Heilige Schrift und entfernt Zirkel und Winkelmaß.*

*Der Ehrwürdige Meister setzt sich, die Brüder folgen.*

# Erklärung des Tracing Boards – 1. Grad (Teil 1)

**Redner:**
Bruder, dies ist das **Tracing Board** oder der **Symbolteppich** des Ersten Grades der Freimaurerei.
Er dient dazu, uns in die Lehre und in die Symbolik des Grades einzuführen und das Verständnis für die Grundsätze unseres Bundes zu fördern.

Diese Darstellung zeigt die Anordnung einer **gerechten, vollkommenen und regelmäßigen Freimaurerloge**.
Solch eine Loge muss von **drei** Lichtern erhellt sein:
– eines im Osten,
– eines im Westen,
– und eines im Süden.

Es gibt **kein Licht im Norden**, denn dort herrscht symbolisch die Finsternis:
Der Grund hierfür liegt in der alttestamentlichen Darstellung des Tempels von König Salomo,
der so gebaut war, dass der Norden stets im Schatten lag.

Die drei großen Lichter der Freimaurerei, wie du sie hier siehst, sind:
– das **Heilige Buch des Gesetzes**,
– das **Winkelmaß**,
– und der **Zirkel**.

Das **Heilige Gesetz** leitet unseren Glauben, das **Winkelmaß** regelt unsere Handlungen, und der **Zirkel** lehrt uns, in rechtem Maß mit allen Menschen zu leben – insbesondere mit Brüdern in der Freimaurerei.

Diese drei großen Lichter ruhen auf einem dreibeinigen Altar. Sie sind stets offen und sichtbar, wenn die Loge „bei Arbeit" ist – und sie werden bedeckt, wenn die Loge geschlossen wird.

In der Nähe dieser Lichter befinden sich die **drei Hauptbeamten** der Loge:

– Der **Ehrwürdige Meister**,
– der **Erste Aufseher**,
– und der **Zweite Aufseher**.

Ihre Plätze befinden sich symbolisch im **Osten**, **Westen** und **Süden**, entsprechend der Laufbahn der Sonne.

Der **Ehrwürdige Meister** sitzt im Osten, wo die Sonne aufgeht,
um die Brüder in der Freimaurerei zu unterweisen.
Der **Erste Aufseher** im Westen, wo die Sonne untergeht, um die Loge zu schließen, nachdem sich jeder Bruder seines Rechts erfreut hat.
Der **Zweite Aufseher** im Süden, wo die Sonne ihren Höchststand erreicht,
um die Brüder von der Arbeit zur Erholung und zurückzu-

rufen,
damit Nutzen und Freude das Ergebnis seien.

In einer gerechten und vollkommenen Loge stehen auch **zwei Säulen** im Westen:
Sie heißen **Jachin** und **Boas**.

Diese Namen stammen aus der biblischen Beschreibung des Tempels Salomos.
Sie bedeuten in sinnbildlicher Deutung:

– **Jachin**: „Er wird befestigen",
– **Boas**: „In Ihm ist Stärke".

Die **rechte Säule**, genannt **Jachin**, befindet sich im Süden; die **linke Säule**, genannt **Boas**, im Norden.

Sie sind jeweils von einem **gekappten Kapitell** bekrönt – geschmückt mit **Granatäpfeln und Lilien**, welche Schönheit und Überfluss symbolisieren.

Diese Säulen tragen ebenfalls das **globusartige Sinnbild der Erde und der Himmelskugel** – sie stehen für das allumfassende Wissen, das der Mensch durch das Licht der Vernunft und die Ordnung der Natur erlangen kann.

Ein Band mit aufgedruckten **Maßstrichen** – auch als **Kabeltau** bezeichnet – umwindet die Säulen.
Dieses Band ist mit **Knoten** versehen, deren Zahl **drei** beträgt, und es erinnert uns an das Maß brüderlicher Hilfeleistung.

Die **Länge eines Kabeltaus** wurde traditionell mit etwa **drei Meilen** angegeben – jedoch nur unter der Voraussetzung, dass keine Verpflichtungen dagegen stehen, die höher wiegen als äußere Hilfsbereitschaft.

In der Mitte des Symbolteppichs erkennt man den **Schachbrett boden (das musivische Pflaster)** – er ist das Sinnbild des **irdischen Lebens**, mit seinen Licht- und Schattenseiten, denen wir täglich ausgesetzt sind: Glück und Unglück, Freude und Leid, Leben und Tod.

Die **Schnur aus Tränen** (Tessellated Border), die das Feld einfasst, weist darauf hin, dass jedes menschliche Leben von Schmerz umgeben ist – und dass wir uns als Brüder gegenseitig trösten sollen, wo Tränen fließen.

Über dem Teppich ist das **Allsehende Auge** dargestellt – ein ewiges Sinnbild für die **göttliche Vorsehung**, welche alles sieht, alles weiß und gerecht richtet.

Auf dem Symbolteppich findest du auch die Darstellung einer **Leiter**, die symbolisch von der Erde bis zum Himmel reicht.

Diese Leiter ist bekannt als die **Himmelsleiter**, und sie steht auf **drei Hauptsprossen: Glaube, Hoffnung** und **Liebe.**

– Der **Glaube** an Gott,
– die **Hoffnung** auf Erlösung,
– und die **Liebe** zu allen Menschen –
insbesondere zu den Brüdern in der Freimaurerei.

Diese drei Grundsätze bilden das Fundament der christlichen Tugendlehre und gelten zugleich als das geistige Aufstiegsmodell des Freimaurers. Denn wie der Maurer auf der Leiter zu höherer Arbeit emporsteigt, so soll auch der Freimaurer geistig aufsteigen – von Erkenntnis zu Erkenntnis, von Licht zu Licht.

Man unterscheidet darüber hinaus **drei, fünf** und **sieben Sprossen,** die jeweils allegorisch für verschiedene Grade der Erkenntnis stehen:

– Die **drei** stehen für die drei Hauptbeamten der Loge:
den Ehrwürdigen Meister, den Ersten und den Zweiten Aufseher.

– Die **fünf** erinnern an die **fünf menschlichen Sinne:**
Sehen, Hören, Fühlen, Riechen und Schmecken –
durch die wir die Welt und ihre Geheimnisse erfahren.

– Die **sieben** beziehen sich auf die **sieben freien Künste und Wissenschaften,**

welche da sind:
**Grammatik, Rhetorik, Logik, Arithmetik, Geometrie, Musik und Astronomie**.

Diese sieben Disziplinen bildeten im Mittelalter die Grundlage der Bildung und werden auch im freimaurerischen Sinn als Stufen der Erkenntnis verstanden – sie führen von der äußeren Erscheinung zur inneren Wahrheit, vom Sichtbaren zum Unsichtbaren.

Darum nennt man auch die Freimaurerei selbst eine „**Königliche Kunst**", denn sie erhebt den Menschen über das Materielle und führt ihn zur Selbsterkenntnis und zu sittlicher Vervollkommnung.

Die auf dem Symbolteppich dargestellten **Werkzeuge** des Freimaurer-Lehrlings sind:

– das **Maß von 24 Zoll**,
– der **Hammer**,
– und der **Meißel**.

Diese Werkzeuge sind nicht nur für den handwerklichen Gebrauch bestimmt, sondern haben in unserer maurerischen Symbolik eine tiefere Bedeutung:

– Das **Maß** lehrt uns, den Tag weise zu teilen:
ein Teil sei dem Dienst an Gott gewidmet,

ein Teil der ehrbaren Arbeit,
und ein Teil der Erholung sowie dem Dienst am Bruder.


– Der **Hammer** steht für die Kraft des Willens und des
Gewissens,
durch welche wir unvollkommene Neigungen und
Leidenschaften beherrschen
und alle unnützen Gedanken und Handlungen „abschlagen".


– Der **Meißel** ist das Werkzeug des Lernens und der Bildung.
So wie er das rohe Gestein formt,
so formt das Wissen unser Denken und macht uns tauglich für
höhere Erkenntnis.


Bruder, beachte auch das **Erscheinungsbild des Kandidaten**
bei der Aufnahme:


Er wird in einem Zustand der **Armut und Dunkelheit**
vorgeführt                                                        –
halb bekleidet, ohne Metall, mit verbundenen Augen.


Dies alles soll sinnbildlich darstellen, dass wir einst –
bevor wir in die Freimaurerei aufgenommen wurden –
im Zustand des **geistigen Dunkels** lebten,
unwissend über die edlen Grundsätze des Bundes.


Die **verbundene Augen** stehen für Unkenntnis, die **entblößte
Brust** für Aufrichtigkeit, und das Fehlen von Metall für

Entsagung äußerer Reichtümer, damit sich der Geist auf das Wesentliche richten möge.

Der erste Eintritt erfolgt **mit dem linken Fuß**, denn auch die Reise zur Erkenntnis beginnt mit einem ersten Schritt – getan im Vertrauen auf eine höhere Ordnung.

Die Stellung, in die der Kandidat gebracht wird –
mit dem linken Knie am Boden, dem rechten Fuß in rechtem Winkel,
der rechten Hand auf der Heiligen Schrift,
dem Zirkel an der Brust –,
ist ein Ausdruck völliger Hingabe, Gehorsam und Ehrfurcht.

Es ist dies ein heiliger Augenblick, in dem der Mensch vor dem Symbol des Göttlichen ein Gelöbnis ablegt, das sein Denken und Handeln für immer prägen soll.

E

N

S

W

Br. Jo.ᵗ Harris, Inv. et fecit

Pub.ᵈ as the Act directs by Bro.ᵗ John Harris, 46 Sidmouth St.ᵗ LONDON

# Lectures des Ersten Grades

*(Hinweis: Jede Frage wird durch einen Bruder gestellt – meist durch den Aufseher. Die Antwort gibt der zu unterrichtende Lehrling oder ein erfahrener Bruder in seinem Namen.)*

**Frage:** Sind Sie ein Freimaurer?

**Antwort:** Ich bin es.

**F:** Wie soll ich das erkennen?

**A:** An Zeichen, Griff und Wort sowie an regulärem Befragen und rechtmäßiger Aufnahme.

**F:** Wo wurden Sie aufgenommen?

**A:** In einer rechtmäßig gebildeten Freimaurerloge.

**F:** Wie ist eine Loge gebildet?

**A:** Von sieben oder mehr Freimaurern, fünf davon müssen Meister sein, die in einem geschlossenen Raum mit dem Buch des Heiligen Gesetzes, dem Winkelmaß und dem Zirkel arbeiten, sowie nach der Satzung und mit Genehmigung einer anerkannten Großloge.

**F:** Wann wurde Ihre Loge geöffnet?

**A:** Als die Sonne im Osten aufging.

**F:** Warum gerade zu dieser Stunde?

**A:** Damit die Ehrwürdige Loge des heiligen Johannes bei der Arbeit gefunden werde.

**F:** Wo steht der Meister?

**A:** Im Osten.

**F:** Warum steht er dort?

**A:** Wie die Sonne im Osten aufgeht, um den Tag zu beleben, so steht auch der Ehrwürdige Meister dort, um die Loge zu eröffnen und die Brüder zu unterweisen.

**F:** Wo steht der Erste Aufseher?

**A:** Im Westen.

**F:** Warum steht er dort?

**A:** Um die Sonne beim Untergang zu markieren, die Loge auf Befehl des Ehrwürdigen Meisters zu schließen und sicherzustellen, dass jeder Bruder sein Recht erhalten hat.

**F:** Wo steht der Zweite Aufseher?

**A:** Im Süden.

**F:** Warum steht er dort?

**A:** Um die Sonne im Zenit zu markieren und die Brüder von der Arbeit zur Erholung und von der Erholung zurückzurufen, damit Nutzen und Freude das Ergebnis seien.

**F:** Was ist das erste Gebot eines Freimaurers?

**A:** Sicherzustellen, dass die Loge ordnungsgemäß verschlossen ist.

**F:** Wie ist das zu verstehen?

**A:** Durch die Anwesenheit des Inneren Wächters innerhalb und des Tilers außerhalb der Tür, beide bewaffnet mit scharfem Schwert, um die Loge zu schützen.

**F:** Was ist das zweite Gebot eines Freimaurers?

**A:** Zu prüfen, ob nur Freimaurer anwesend sind.

**F:** Wie ist das zu prüfen?

**A:** Durch Zeichen, Griff und Wort.

**F:** Was sind die drei großen Lichter der Freimaurerei?

**A:** Das Buch des Heiligen Gesetzes, das Winkelmaß und der Zirkel.

**F:** Warum diese drei?

**A:** Das Buch des Heiligen Gesetzes leitet unseren Glauben, das Winkelmaß regelt unsere Handlungen, und der Zirkel lehrt uns, mit allen Menschen in rechtem Maß zu leben – besonders mit Brüdern in der Freimaurerei.

**F:** Was sind die drei kleinen Lichter?

**A:** Drei Kerzen, angeordnet in Form eines Dreiecks – im Osten, Süden und Westen.

**F:** Was symbolisieren sie?

**A:** Sonne, Mond und den Ehrwürdigen Meister.

**F:** Warum?

**A:** Die Sonne herrscht am Tag, der Mond bei Nacht, und der Ehrwürdige Meister soll seine Loge leiten, wie Sonne und Mond die Welt.

**F:** Was ist das erste Werkzeug eines Freimaurers?

**A:** Das Maß von 24 Zoll.

**F:** Wozu dient es?

**A:** Es lehrt uns, den Tag in drei Teile zu teilen: acht Stunden für Arbeit, acht Stunden für Erholung, und acht Stunden für Wohltätigkeit und Andacht.

**F:** Nennen Sie ein weiteres Werkzeug.

**A:** Den Rohhammer.

**F:** Was bedeutet er?

**A:** Er steht für die Kraft des Gewissens, mit der wir unsere Leidenschaften mäßigen und unnütze Gedanken von uns abschlagen sollen.

**F:** Und ein weiteres?

**A:** Den Meißel.

**F:** Was lehrt er?

**A:** Er versinnbildlicht die Kraft der Bildung und Unterweisung durch die unser Charakter geformt und unser Verstand geschärft wird.

**F:** Was bedeutet der Schachbrettboden (das musivische Pflaster)?

**A:** Er (Es) symbolisiert das irdische Leben mit seinen Gegensätzen – Licht und Schatten, Freude und Leid, Tugend und Versuchung.

**F:** Was ist das Kabeltau?

**A:** Ein symbolisches Seil mit drei Knoten, das die Bande der Bruderliebe und der Hilfeleistung darstellt.

**F:** Wie weit reicht ein Kabeltau?

**A:** Symbolisch drei Meilen – unter der Bedingung, dass keine höherrangige Pflicht dem entgegensteht.

**F:** Was ist das allsehende Auge?

**A:** Ein Symbol für die göttliche Vorsehung – die alles sieht, alles erkennt und gerecht richtet.

**F:** Was ist die Himmelsleiter?

**A:** Ein Sinnbild für unseren geistigen Aufstieg – sie ruht auf drei Sprossen: **Glaube**, **Hoffnung** und **Liebe**.

**Frage:** Wie wurden Sie in die Loge eingeführt?

**Antwort:** Armen Kleides, ohne Metall, im Zustand der Dunkelheit, mit dem linken Fuß zuerst, in rechter Haltung, durch drei deutliche Klopfzeichen an der Tür.

**F:** Warum armen Kleides?

**A:** Um zu zeigen, dass es bessere Beweggründe als weltlichen Reichtum für die Aufnahme in die Freimaurerei geben sollte.

**F:** Warum ohne Metall?

**A:** Damit kein Zeichen äußerer Macht oder Besitzes zwischen dem Kandidaten und den Brüdern stehe – und um Demut und Gleichheit zu symbolisieren.

**F:** Warum im Zustand der Dunkelheit?

**A:** Weil Unwissenheit Dunkelheit ist, und wir durch Licht zur Erkenntnis gelangen sollen.

**F:** Warum mit dem linken Fuß zuerst?

**A:** Weil die erste Bewegung in der Freimaurerei stets mit dem linken Fuß beginnt – als Zeichen der bewussten Einleitung des Weges.

**F:** Was bedeutet „in rechter Haltung"?

**A:** Mit geradem Rücken, aufrechtem Blick und willigem Herzen – bereit, Wahrheit und Erkenntnis entgegenzutreten.

**F:** Was bedeuten die drei deutlichen Klopfzeichen?

**A:** Sie symbolisieren die dreifache Bitte: um Aufnahme, um Erkenntnis und um Brüderlichkeit.

**F:** Welche Fragen wurden Ihnen gestellt, bevor Sie eintraten?

**A:** – Sind Sie ein freier Mann von gutem Ruf? – Sind Sie über 21 Jahre alt? – Kommen Sie aus freiem Willen und Entschluss?

**F:** Was war das erste, was Ihnen in der Loge begegnete?

**A:** Ein scharfes Instrument an der linken Brust – das mich warnen sollte, dass der Eintritt in den Bund von Ernst und Pflicht begleitet ist.

**F:** Was geschah nach Ihrer Aufnahme?

**A:** Mir wurde das Licht gegeben, und ich wurde im Nordosten der Loge aufgestellt, als Sinnbild für den Eckstein eines sittlichen Bauwerks.

**F:** Was bedeutete das „Lichtgeben"?

**A:** Die Entfernung der Augenbinde – was das Ende der Unwissenheit und den Beginn geistiger Erkenntnis markiert.

**F:** Was wurde Ihnen über die Stellung im Nordosten gesagt?

**A:** Dass der Kandidat dort sinnbildlich wie ein Eckstein platziert wird – fest, nützlich und bereit, einen soliden Bau zu tragen.

**F:** Wurden Sie zu einer Wohltat aufgefordert?

**A:** Ja, aber man wusste, dass ich zuvor aller Wertsachen beraubt worden war.

**F:** Warum dann die Aufforderung?

**A:** Um meinen guten Willen zu prüfen, um zu zeigen, dass ich kein Metall trug, und um mich an meine jetzige Pflicht zur Wohltätigkeit zu erinnern.

**Frage:** Was ist das Buch des Heiligen Gesetzes?

**Antwort:** Die Heilige Schrift – sie enthält den göttlichen Willen, offenbart durch das Wort Gottes.

**F:** Welche Bedeutung hat es in der Loge?

**A:** Es ist das wichtigste der drei großen Lichter. Es leitet unseren Glauben, regelt unser Gewissen und begründet unsere Pflichten gegenüber Gott, dem Nächsten und uns selbst.

**F:** Was ist die Pflicht eines Freimaurers gegenüber Gott?

**A:** Ihn zu fürchten, seine Gebote zu achten, und ihn in aller Aufrichtigkeit und Demut zu verehren.

**F:** Was ist seine Pflicht gegenüber dem Nächsten?

**A:** Gerecht zu handeln, Barmherzigkeit zu üben, und in Liebe mit allen Menschen – insbesondere mit Brüdern in der Freimaurerei – zu leben.

**F:** Was ist seine Pflicht gegenüber sich selbst?

**A:** Ein Leben in Maß, Ordnung und Besonnenheit zu führen – seine Leidenschaften zu beherrschen und seine Gaben zur Ehre Gottes und zum Nutzen der Menschheit einzusetzen.

**F:** Was ist der sittliche Zweck der Freimaurerei?

**A:** Den Menschen zu verbessern – indem man ihn lehrt, seine Pflichten zu erfüllen, sich in der Tugend zu vervollkommnen, und ein Leben in Wahrheit, Liebe und Brüderlichkeit zu führen.

**F:** Was unterscheidet einen wahren Freimaurer?

**A:** Sein Verhalten – durch Redlichkeit, Verschwiegenheit, Hilfsbereitschaft, und die beständige Übung jener Tugenden, welche die Freimaurerei lehrt und verlangt.

# Öffnung der Loge im Zweiten Grad

*Der Ehrwürdige Meister schlägt zweimal mit dem Hammer.*
*Der Erste und Zweite Aufseher tun es ihm gleich.*

**EM:** Brüder, helft mir, die Loge im Zweiten Grad zu öffnen. Alle stehen auf.

**EM:** Bruder Zweiter Aufseher, was ist die erste Pflicht eines Freimaurers?

**2A:** Zu prüfen, ob die Loge sicher verschlossen ist.

**EM:** Sehen Sie zu, dass diese Pflicht erfüllt ist.

**2A:** Bruder Innerer Wächter, prüfen Sie, ob die Loge sicher verschlossen ist.

Der IW geht zur Tür, öffnet sie nicht, klopft zweimal deutlich und kehrt zu seinem Platz zurück.

Der Tiler antwortet mit zwei Klopfzeichen.

**IW (ohne Zeichen):** Bruder Zweiter Aufseher, die Loge ist sicher verschlossen.

**2A:** klopft zweimal deutlich (ohne Zeichen) und spricht dann:

**2A:** Ehrwürdiger Meister, die Loge ist sicher verschlossen.

**EM:** Bruder Erster Aufseher, was ist die nächste Pflicht?

**1A:** Zu prüfen, ob nur Freimaurer anwesend sind.

**EM:** Zur Ordnung im Gesellengrad, meine Brüder!

Alle geben den Schritt und das Zeichen des Zweiten Grades.

**EM:** Bruder Zweiter Aufseher, wie viele Hauptbeamte hat die Loge?

**2A:** Drei: den Ehrwürdigen Meister, den Ersten und den Zweiten Aufseher.

**EM:** Bruder Erster Aufseher, wie viele Nebenbeamte hat die Loge?

**1A:** Drei, neben dem Tiler oder Äußeren Wächter – nämlich den Ersten und Zweiten Diakon sowie den Inneren Wächter.

**EM:** Bruder Zweiter Aufseher, wo ist Ihr Platz in der Loge?

**2A:** Im Süden, Ehrwürdiger Meister.

**EM:** Warum sind Sie dort platziert?

**2A:** Um die Sonne im Zenit zu markieren, die Brüder von der Arbeit zur Erholung und von der Erholung zurückzurufen, damit Nutzen und Freude das Ergebnis seien.

**EM:** Bruder Erster Aufseher, wo ist Ihr Platz?

**1A:** Im Westen, Ehrwürdiger Meister.

**EM:** Warum sind Sie dort platziert?

**1A:** Um den Sonnenuntergang zu markieren, die Loge auf Befehl des Ehrwürdigen Meisters zu schließen und sicherzustellen, dass jeder Bruder sein Recht erhalten hat.

**EM:** Wo ist der Platz des Ehrwürdigen Meisters?

**1A:** Im Osten, Ehrwürdiger Meister.

**EM:** Warum ist er dort platziert?

**1A:** Wie die Sonne im Osten aufgeht, um den Tag zu beleben, so steht auch der Ehrwürdige Meister dort, um die Loge zu eröffnen und die Brüder in der Freimaurerei zu unterweisen.

**EM:** Da die Loge nun ordnungsgemäß gebildet ist, lasst uns – ehe wir sie öffnen – die Hilfe des Großen Baumeisters des Universums                                                                 anrufen:
 Möge unsere Arbeit, so in Ordnung begonnen, in Frieden fortgeführt und in Harmonie beendet werden.

**Altmeister:** So soll es sein.

**EM:** Brüder, im Namen des Großen Baumeisters des Universums erkläre ich die Loge für ordentlich geöffnet – alle geben das Zeichen – zur Arbeit im Zweiten Grad der Freimaurerei.

Der EM gibt das Klopfzeichen des Gesellen-Grades: zweimal kurz, einmal lang.

Der Erste Aufseher wiederholt das Zeichen und hebt das Zepter.

Der Zweite Aufseher gibt das Zeichen und senkt das Zepter.

Der Innere Wächter geht zur Tür, gibt das Zeichen und kehrt zu seinem Platz zurück.

Der Tiler antwortet mit dem Zeichen.

Der Altmeister öffnet die Heilige Schrift auf die Stelle des Zweiten Grades und richtet Zirkel und Winkelmaß entsprechend aus – die Schenkel des Zirkels sind leicht geöffnet und ruhen über dem Winkelmaß.

Der EM setzt sich, die Brüder folgen.

# Aufnahme im Zweiten Grad – Teil 1: Klopfen, Einlass und erstes Befragen

*Der Tiler bereitet den Kandidaten für den Zweiten Grad vor. Sobald er bereit ist, klopft der Tiler zweimal deutlich an die Tür.*

*Der Innere Wächter erhebt sich vor seinem Stuhl, macht den Schritt und gibt das Zeichen des Zweiten Grades:*

**IW:** *Bruder Zweiter Aufseher, es gibt ein Zeichen.*

*Der Zweite Aufseher bleibt zunächst sitzen, klopft zweimal deutlich, erhebt sich dann, macht den Schritt und gibt das Zeichen des Zweiten Grades:*

**2A:** *Ehrwürdiger Meister, es gibt ein Zeichen.*

**EM:** *Bruder Zweiter Aufseher, erkundigen Sie sich, wer Einlass begehrt.*

**2A:** *Bruder Innerer Wächter, sehen Sie nach, wer Einlass begehrt.*

*Der IW senkt das Zeichen, geht zur Tür, öffnet sie nicht, bleibt mit der Hand am Griff stehen und befragt den Tiler:*

*IW:* Wen führen Sie dort?

**Tiler:** Bruder …, ein zu ehrender Lehrling-Freimaurer, der ordnungsgemäß vorgeschlagen und in geöffneter Loge bestätigt wurde.
 Er kommt nun aus freiem Willen und Entschluss, in der demütigen Bitte, zu den Geheimnissen und Vorrechten des Zweiten Grades der Freimaurerei zugelassen zu werden.

*IW:* Halten Sie inne, während ich dem Ehrwürdigen Meister Bericht erstatte.

*Der IW schließt und verriegelt die Tür, kehrt vor seinen Stuhl zurück, macht den Schritt und gibt das Zeichen, das er hält:*

*IW:* Ehrwürdiger Meister, Bruder …, ein zu ehrender Lehrling-Freimaurer, wurde ordnungsgemäß vorgeschlagen und in geöffneter Loge bestätigt.
 Er kommt nun aus freiem Willen und Entschluss, in der demütigen Bitte, zu den Geheimnissen und Vorrechten des Zweiten Grades der Freimaurerei zugelassen zu werden.

*EM:* Bruder Zweiter Aufseher, auf welchen Grundlagen kann ein Bruder zur Beförderung zugelassen werden?

*2A:* Auf dem Zeugnis eines redlichen Lebenswandels, auf Gehorsam gegenüber den Gesetzen des Bundes und auf der

Bereitschaft, durch Fleiß seine Fähigkeiten zu vervollkommnen.

**EM:** Bruder Innerer Wächter, lassen Sie ihn in gebührender
Form eintreten.

*Der IW senkt das Zeichen.*

*Der Kandidat wird nun in symbolischer Form eingelassen,
geführt vom Zweiten Diakon, welcher seine rechte Hand
nimmt.*

*Der 2D steht wie üblich auf der rechten Seite des Kandidaten.
Beide werden durch den IW durch die Tür gelassen. Die Tür
wird wieder geschlossen und verriegelt.*

*Der 2D führt den Kandidaten entlang des Nordens, dann über
die übliche Perambulation (Weg durch die Loge) zur Nordseite
des Pults des EM.*

*Alle Brüder stehen im Schritt und geben das Zeichen des
Zweiten Grades.*

# Aufnahme im Zweiten Grad – Teil 2: Symbolische Befragung, Verpflichtung und Lichtgabe

*Der 2D bringt den Kandidaten an das Kniekissen vor dem Altar des Ehrwürdigen Meisters. Beide stehen mit Blick nach Osten. Der 2D gibt leise Anweisungen.*

*EM: Bruder ..., Sie wurden einst in die Freimaurerei aufgenommen im Zustand der Dunkelheit, um die sittliche Bedeutung der Unwissenheit zu zeigen, in der jeder Mensch lebt, bevor er von der Wahrheit erleuchtet wird.*
*Sie baten darum, zu den Geheimnissen und Vorrechten des Bundes zugelassen zu werden, weil Sie glaubten, dass Sie durch deren Kenntnis ein besserer Mensch würden.*

*Sie wurden in den Grad eines Lehrlings aufgenommen und haben nun gezeigt, dass Sie bereit sind, sich weiter zu bemühen.*
*Es ist deshalb meine Pflicht, Sie zu fragen:*
*Sind Sie weiterhin bereit, Ihre Verpflichtung zu erneuern und ein Gelöbnis abzulegen – in dieser Loge des Zweiten Grades –, das Sie bindet, die Ihnen anvertrauten Geheimnisse in Ehren zu bewahren?*

*Kandidat: Ich bin es.*

*EM: Dann knien Sie auf das rechte Knie. Ihr linker Fuß bleibt in rechter Stellung.*

*Legen Sie Ihre rechte Hand auf das Buch des Heiligen Gesetzes, Ihre linke unter den Zirkel, von dem ein Schenkel Ihre entblößte linke Brust berührt.*

*Der 2D hilft dem Kandidaten, die beschriebene Haltung einzunehmen. Die Diakone kreuzen ihre Stäbe über seinem Haupt. Die Brüder stehen im Schritt und geben das Zeichen.*

## Verpflichtung im Zweiten Grad

*EM: Wiederholen Sie mir nach:*

*Ich, …, in Gegenwart des Großen Baumeisters des Universums und dieser rechtmäßig eingesetzten Loge des Zweiten Grades, verspreche und gelobe feierlich und aufrichtig, dass ich die Geheimnisse, Zeichen, Griffe, Worte und sonstigen Merkmale dieses Grades, die mir bisher oder im Verlauf dieser Zeremonie mitgeteilt werden, niemals ganz oder teilweise offenbaren werde – außer gegenüber einem rechtmäßig aufgenommenen Bruder oder innerhalb einer ordnungsgemäß gebildeten Loge.*

*Ich verspreche ferner, mich jederzeit so zu verhalten, wie es einem Bruder der Freimaurerei ziemt, und zu streben, in meinem Leben Erkenntnis, Mäßigung und Brüderlichkeit zu verwirklichen.*

So helfe mir Gott und halte mich fest in diesem meinem Gelöbnis.

*EM:* Besiegeln Sie dieses Gelöbnis mit Ihren Lippen auf dem Buch des Heiligen Gesetzes.

*Der Kandidat küsst das Buch. Die Diakone senken ihre Stäbe. Die Brüder nehmen das Zeichen ab.*

*EM:* Was ist jetzt das vorherrschende Verlangen Ihres Herzens?

**2D (vorsprechend):** Licht.

*EM:* Bruder Zweiter Diakon, möge ihm das Licht gegeben werden.

*Der 2D entfernt dem Kandidaten die Augenbinde. Die Brüder stehen entspannt.*

*EM:* Nun, da Ihnen das Licht im Zweiten Grad gegeben wurde, dürfen Sie einen weiteren Schritt auf dem Pfad zur Erkenntnis tun.
   Ich lenke Ihre Aufmerksamkeit erneut auf die drei großen Lichter der Freimaurerei: das Buch des Heiligen Gesetzes, das Winkelmaß und den Zirkel.
   Der Zirkel ist jetzt leicht geöffnet und liegt über dem

*Winkelmaß – um anzuzeigen, dass Ihr Verständnis von Maß und sittlichem Verhalten sich vertieft hat.*

## Aufnahme im Zweiten Grad – Teil 3: Zeichen, Griff und Wort des Grades

*Der 2D hilft dem Kandidaten beim Aufstehen. Beide stehen vor dem Altar, mit Blick nach Osten. Der EM tritt heran.*

**EM:** Sie haben nun die Verpflichtung eines Freimaurer-Gesellen abgelegt.
 Ich darf Ihnen daher die Erkennungszeichen dieses Grades anvertrauen.

Sie bestehen – wie im Ersten Grad – aus einem **Zeichen**, einem **Griff** und einem **Wort**.

**Das Zeichen** wird gegeben, indem die rechte Hand flach an das Herz gelegt wird, dann schräg über den Körper nach unten gezogen und an der Seite fallen gelassen.

*Der EM demonstriert das Zeichen und achtet darauf, dass der Kandidat es nachahmt.*

*Dieses Zeichen soll an die symbolische Strafe dieses Grades erinnern* —

dass man eher bereit wäre, sich die linke Brust aufzureißen, als die Geheimnisse des Bundes preiszugeben.

**Der Griff** ist eine Variante des gewöhnlichen Händedrucks: Der Daumen wird auf das zweite Fingergelenk gelegt – und mit leichtem Druck gehalten.

Der EM führt den Griff gemeinsam mit dem Kandidaten durch.

**Das Wort** des Zweiten Grades lautet: **Jachin**.

Der 2D spricht das Wort deutlich vor, der Kandidat wiederholt es.

Es ist der Name der **rechten Säule** am Eingang des Tempels Salomos.
„Jachin" bedeutet: „Er wird befestigen."

Dieses Wort wird – wie im Ersten Grad – niemals vollständig ausgesprochen,
sondern aufgeteilt oder buchstabiert zwischen zwei Brüdern weitergegeben.

**EM (fragend):**
Was ist das?

**2D (vorsprechend):** *Der Griff eines Freimaurer-Gesellen.*

**EM:** *Was verlangt er?*

**2D:** *Ein Wort.*

**EM:** *Geben Sie mir das Wort.*

**2D:** *Ich werde es mit Ihnen buchstabieren oder teilen.*

**EM:** *Beginnen Sie.*

**2D:** *J – A*

**EM:** *C – H – I – N*

**2D:** *Jachin.*

**EM:** *In Stärke wurde das Haus errichtet – und durch Weisheit wird es befestigt.*

# Aufnahme im Zweiten Grad – Teil 4: Stellung im Nordosten und maurerische Belehrung

*Der 2D nimmt die rechte Hand des Kandidaten, führt ihn zur Nordost-Ecke der Loge. Beide stehen mit Blick nach Süden.*

*EM:* Bruder …, *so wie Sie bei Ihrer ersten Aufnahme in der Freimaurerei symbolisch im Nordosten aufgestellt wurden, um den Eckstein darzustellen, so stellen wir Sie nun erneut hier auf, doch in erweitertem Verständnis.*

*Denn Sie sind nun **nicht mehr im Zustand der Dunkelheit**, sondern haben ein höheres Maß an Licht empfangen – und es ist unsere Pflicht, dieses Licht mit sittlicher Belehrung zu erfüllen.*

*Die Freimaurerei ist eine **wissenschaftliche, sittliche und symbolische Lehrart**.*
*Sie lehrt durch Gleichnisse und Sinnbilder – und verbindet das Studium des Altertums mit der Pflicht des Menschen in der Gegenwart.*

*Sie fordert von ihren Mitgliedern:*
*– ein aufrichtiges Herz,*
*– tätige Menschenliebe,*

*– und den aufrichtigen Wunsch, durch eigene Arbeit zur*
*Verbesserung der Menschheit beizutragen.*

*Die Gesellenfreimaurerei ist vor allem dem Studium der **fünf***
***Sinne** und der **sieben freien Künste** gewidmet –*
*sie fördert das Verständnis der Schöpfung und die Vervoll-*
*kommnung des Geistes.*

*Wie der Geselle am Bau die Aufgabe hatte, sich Wissen und*
*Geschick anzueignen,*
*so soll auch der Geselle in der symbolischen Freimaurerei*
***sich bilden,***
*den Blick schärfen und die sittlichen Bausteine der*
*Persönlichkeit festigen.*

*Der Bau, den wir errichten, ist **der Tempel des sittlich***
***geläuterten Menschen** –*
*ein Bauwerk, das auf Weisheit gegründet, durch Stärke*
*gefestigt und mit Schönheit vollendet wird.*

*So soll Ihre Arbeit als Geselle nicht nur der Selbsterkenntnis*
*dienen,*
*sondern auch dem Dienst an der Gemeinschaft –*
*als ein tätiger Baustein im Tempel der Humanität.*

*Der 2D führt den Kandidaten zur Nordseite des Pults des*
*Ersten Aufsehers. Beide blicken nach Osten. Der Kandidat gibt*
*auf Anweisung das Zeichen des Zweiten Grades.*

**EM:** *Bruder Erster Aufseher, ich stelle Ihnen Bruder … vor –*
*zur Anerkennung im Zweiten Grad.*

**EO (gibt Schritt, Zeichen, Griff und Wort):**
*Treten Sie ein – mit Jachin.*

*Der EM setzt sich. Der 2D führt den Kandidaten zu einem*
*Platz neben dem Ersten Diakon. Beide setzen sich.*

# Aufnahme im Zweiten Grad – Teil 5: Belehrung nach der Aufnahme

*Redner:*

*Bruder ..., nachdem Sie nun in den Zweiten Grad der Freimaurerei aufgenommen wurden, ist es meine Pflicht, Ihnen einige Grundsätze dieser Stufe näherzubringen.*

*Als **Lehrling** wurden Sie in den Bund aufgenommen, und Ihnen wurde Licht über die Grundsätze der Freimaurerei zuteil.*

*Doch als **Geselle** beginnt Ihre eigentliche Arbeit: Denn dieser Grad ist jenem Abschnitt des Lebens gewidmet, in dem der Mensch seine Fähigkeiten ausbildet, seinen Verstand schärft und seinen Platz in der Welt erkennt.*

*Er ist der Grad der **Entwicklung, Bildung und Erfahrung**.*

*Sie sind nun aufgerufen,*
*– die **sieben freien Künste und Wissenschaften** zu studieren,*
*– die **Natur zu erforschen**,*
*– die **Welt mit wachen Sinnen zu betrachten**,*
*und die **Ordnung der Dinge** zu erkennen,*
*wie sie durch den Großen Baumeister des Universums geschaffen ist.*

Lernen Sie zu unterscheiden zwischen Licht und Schatten,
zwischen Schein und Wahrheit,
zwischen bloßem Wissen und echter Weisheit.


Streben Sie danach,
ein nützliches Mitglied der Gesellschaft zu sein,
ein treuer Bruder,
ein gewissenhafter Bürger,
ein verständiger Mensch.


Denken Sie daran,
dass es nicht genügt, das maurerische Kleid zu tragen –
sondern dass man sich seiner würdig zeigen muss
durch ein Leben voll Pflichtbewusstsein, Mäßigung und
geistiger Arbeit.


Vermeiden Sie Hochmut.
Suchen Sie die Wahrheit – aber mit Demut.
Seien Sie offen für die Lehre,
und bereit, anderen zu dienen.


Ihr Streben soll nicht Selbstzweck sein, sondern Frucht tragen
im Dienst am Guten.


Mögen Sie in diesem Geist wachsen –

# Erklärung des Tracing Boards – 2. Grad

*Redner:*
*Bruder, dies ist das* **Tracing Board des Zweiten Grades der Freimaurerei.**
*Sein Zweck ist es, die geistige Bedeutung und die symbolischen Elemente dieses Grades vor Augen zu führen – insbesondere jene, die sich auf das Streben nach Erkenntnis und auf die Entwicklung des menschlichen Geistes beziehen.*

*Die dargestellten Säulen erinnern an jene beiden, die am Vorhof des Tempels Salomos standen – namens* **Jachin** *und* **Boas.**

*Sie waren jeweils 18 Ellen hoch, mit Kapitellen von fünf Ellen –
also insgesamt 23 Ellen – und reich mit Granatäpfeln, Lilien und Flechtwerk verziert.
Diese Verzierungen waren nicht bloß ornamentaler Natur, sondern Sinnbilder für Fülle, Reinheit und göttliche Ordnung.*

*Auf ihren Kapitellen waren Kugeln angebracht, die Erde und Himmel darstellen – zur Erinnerung daran, dass die Freimaurerei das Irdische mit dem Himmlischen verbindet.*

Diese Kugeln sollen auch an die **Weisheit des Schöpfers** erinnern, der durch das Wort alles geordnet hat – sowohl im Sichtbaren als auch im Unsichtbaren.

Zwischen diesen Säulen verläuft die **Treppe mit drei, fünf und sieben Stufen.**

– Die **drei Stufen** erinnern an die drei Hauptbeamten der Loge:
den Ehrwürdigen Meister, den Ersten und den Zweiten Aufseher.

– Die **fünf Stufen** beziehen sich auf die **fünf Sinne**:
Sehen, Hören, Riechen, Schmecken und Tasten –
durch welche der Mensch die äußere Welt erkennt
und zum Wissen über sich selbst und die Schöpfung gelangt.

– Die **sieben Stufen** stehen für die **sieben freien Künste und Wissenschaften**:
**Grammatik**, **Rhetorik**, **Logik**, **Arithmetik**, **Geometrie**, **Musik** und **Astronomie** –
deren Studium von alters her als Weg zur höheren Bildung gilt.

**Redner:**
Bruder, der Gesellengrad ist dem Zustand des tätigen Menschen gewidmet – jenem Abschnitt des Lebens, in dem Bildung, Arbeit, Verantwortung und Gemeinschaft im Mittelpunkt stehen.

*In diesem Grad wird Ihnen keine neue Verpflichtung auferlegt, sondern eine* **Vertiefung** *der zuvor übernommenen Pflichten erwartet* —
*durch* **Verantwortung, Selbstzucht** *und die bewusste Anwendung der Lehre im Alltag.*

*Die Werkzeuge, die Sie im Ersten Grad kennengelernt haben, finden nun eine* **weiterführende Bedeutung:**

*– Das Maß wird zur Einteilung nicht nur des Tages, sondern auch der geistigen und sozialen Verpflichtungen.*

*– Der Hammer bleibt Werkzeug zur Selbstbeherrschung – doch nun auch zur Durchsetzung ethischer Prinzipien.*

*– Der Meißel wird zum Sinnbild der Erkenntnis, die aus Prüfung, Vergleich und Studium entsteht.*

*Die Freimaurerei in diesem Grad zeigt sich als* **Kunst der Verfeinerung** —
*nicht des äußeren Glanzes, sondern der* **inneren Formung.**

*Darum wird der Geselle aufgerufen, den Bau fortzusetzen, der mit dem Eckstein des Lehrlings begonnen wurde.*

*Er soll:*


– *sich bilden in Sprache, Argumentation und Urteilskraft,*
  – *mit klarem Sinn das Wahre erkennen lernen,*
– *und in seinen Taten spiegeln, was er in der Loge verstanden hat.*


*Wie der Geselle am Tempel Salomos seinen Lohn empfing, so empfängt auch der maurerische Geselle **seinen geistigen Lohn** – im **tieferen Verständnis des Lebens**, in der **Freude am Fortschritt**, und in der **wachsenden Fähigkeit zur tätigen Bruderliebe**.*


*Bruder, hüten Sie das Ihnen anvertraute Licht, arbeiten Sie mit Ernst an sich selbst, und zeigen Sie sich der Erhebung zum Dritten Grad künftig würdig.*

# Lectures des Zweiten Grades:

*(Hinweis: Die Lectures erfolgen wie im Ersten Grad im traditionellen Frage-und-Antwort-Stil.)*

Frage: Sind Sie ein Gesellenfreimaurer?

Antwort: Ich bin es. Versuchen Sie mich.

F: Wie soll ich das tun?

A: Durch Zeichen, Griff und Wort sowie durch reguläre Prüfung.

F: Wo wurden Sie befördert?

A: In einer rechtmäßig gebildeten Loge von Freimaurer-Gesellen.

F: Wie ist eine Loge von Freimaurer-Gesellen gebildet?

A: Von sieben oder mehr Freimaurern – fünf davon müssen Meister sein –, die in einem abgeschlossenen Raum mit dem Buch des Heiligen Gesetzes, dem Winkelmaß und dem Zirkel geöffnet ist, mit Genehmigung einer rechtmäßigen Großloge.

F: Wann wurde Ihre Loge geöffnet?

A: Als die Sonne im Süden stand – in ihrer höchsten Bahn.

F: Warum zu dieser Stunde?

A: Damit die Arbeit des Tages in voller Kraft begonnen werde.

F: Wo steht der Meister?

A: Im Osten.

F: Warum steht er dort?

A: Wie die Sonne im Osten aufgeht, um den Tag zu beleben, so steht auch der Ehrwürdige Meister dort, um die Loge zu eröffnen und die Brüder in der Freimaurerei zu unterweisen.

F: Wo steht der Erste Aufseher?

A: Im Westen.

F: Warum steht er dort?

A: Um den Sonnenuntergang zu markieren und die Loge auf Befehl des Ehrwürdigen Meisters zu schließen, nachdem sichergestellt wurde, dass jeder Bruder seinen gerechten Lohn empfangen hat.

F: Wo steht der Zweite Aufseher?

A: Im Süden.

F: Warum steht er dort?

A: Um die Sonne im Zenit zu markieren und die Brüder von der Arbeit zur Erholung und von der Erholung zur Arbeit zurückzurufen, damit Nutzen und Freude das Ergebnis seien.

F: Was stellen die Stufen dar, die zur mittleren Kammer führen?

A: Sie sind sinnbildlich und stellen die Fortschritte dar, die ein Freimaurer auf dem Weg zu höherer Erkenntnis machen soll.

F: Wie viele Stufen hat die Treppe?

A: Drei, fünf und sieben – zusammen fünfzehn.

F: Was bedeuten die **drei**?

**A:** Sie erinnern uns an die **drei Hauptbeamten** der Loge – den Ehrwürdigen Meister, den Ersten und den Zweiten Aufseher.

**F:** Was bedeuten die **fünf**?

**A:** Sie stehen für die **fünf Sinne** des Menschen:
– Sehen,
– Hören,
– Riechen,
– Schmecken,
– und Tasten.

**F:** Was wird durch diese Sinne vermittelt?

**A:** Durch sie erlangen wir Erkenntnis der sichtbaren Welt und treten in Beziehung zur Schöpfung.

**F:** Welcher dieser Sinne ist besonders für Freimaurer bedeutsam?

**A:** Das **Gehör** – denn durch Hören empfangen wir das Wort, und es ermöglicht die mündliche Weitergabe maurerischer Unterweisung.

**F:** Was bedeuten die **sieben** Stufen?

**A:** Sie stehen für die **sieben freien Künste und Wissenschaften**:
– Grammatik,
– Rhetorik,
– Logik,
– Arithmetik,
– Geometrie,
– Musik,
– und Astronomie.

**F:** Welche dieser Wissenschaften ist für den Freimaurer am wichtigsten?

**A:** Die **Geometrie** – denn sie ist das Fundament der Baukunst und das Band, welches alle anderen Wissenschaften ordnet.

**F:** Warum legen wir als Freimaurer besonderen Wert auf die Geometrie?

**A:** Weil sie uns nicht nur die Struktur der Dinge im Raum lehrt, sondern auch die Harmonie der Welt erkennen lässt – und weil sie Symbol für **Ordnung, Maß und göttliche Planung** ist.

**F:** Wie lautet in alter Sprache ein anderer Name für Geometrie?

**A:** „Masonry" – also Freimaurerei selbst – denn in den alten Zeiten wurden Baukunst und Geometrie als eine Einheit betrachtet.

**Frage:** Welche Bedeutung haben die beiden Säulen am Eingang des Tempels?

**Antwort:** Sie hießen **Jachin** und **Boas** – und standen zur Rechten und zur Linken des Vorhofs am Eingang des Tempels Salomos.

**F:** Welche stand rechts?

**A: Jachin** – die Säule der Beständigkeit.

**F:** Welche stand links?

**A: Boas** – die Säule der Stärke.

**F:** Welche Bedeutung haben diese Namen?

**A:** „Jachin" bedeutet: *Er wird befestigen* – „Boas" bedeutet: *In Ihm ist Stärke.*

**F:** Warum wurden sie so genannt?

**A:** Weil sie symbolisch standen für die Eigenschaften, durch welche das göttliche Haus gegründet und befestigt war: **Weisheit**, **Stärke** und **Schönheit**.

**F:** Wer durfte durch diese Säulen eintreten?

**A:** Nur jene, die würdig und vorbereitet waren, die Zeichen und Worte kannten und durch Prüfung zur **Mittleren Kammer** zugelassen wurden.

**F:** Wofür steht die Mittlere Kammer?

**A:** Für das **innere Heiligtum der Erkenntnis** – den Ort, an dem der Freimaurer seinen geistigen Lohn empfängt für das Streben nach Wahrheit, Weisheit und Tugend.

**F:** Welches Wort wurde dabei verwendet?

**A: Jachin**.

**F:** Wie wird es gegeben?

**A:** Buchstabiert oder geteilt – zwischen zwei Brüdern, die sich im Griff des Zweiten Grades befinden.

**F:** Was ist der **Griff** des Freimaurer-Gesellen?

**A:** Eine Variation des Händedrucks – der Daumen liegt auf dem zweiten Fingergelenk des Bruders, mit fühlbarem, aber maßvollem Druck.

**F:** Was ist das **Zeichen**?

**A:** Die rechte Hand wird flach auf die linke Brust gelegt, dann schräg über den Körper geführt und an der Seite herabgelassen.

**F:** Was bedeutet dieses Zeichen?

**A:** Es erinnert an die symbolische Strafe des Grades – dass ein Freimaurer eher bereit wäre, sich die Brust aufzureißen, als das ihm anvertraute Wort zu entweihen.

# Schließung der Loge im Zweiten Grad (Gesellengrad)

**Der Ehrwürdige Meister schlägt zweimal mit dem Hammer. Der Erste und Zweite Aufseher tun es ihm gleich.**

**EM:** Brüder, helft mir, die Loge im Zweiten Grad zu schließen. *Alle stehen auf.*

**EM:** Bruder Zweiter Aufseher, was ist die erste Pflicht eines Freimaurers?

**2A:** Zu prüfen, ob die Loge sicher verschlossen ist.

**EM:** Sehen Sie zu, dass diese Pflicht erfüllt ist.

**2A:** Bruder Innerer Wächter, prüfen Sie, ob die Loge sicher verschlossen ist.

*Der IW geht zur Tür, öffnet sie nicht, klopft zweimal deutlich und kehrt zurück.*

*Der Tiler antwortet mit demselben Zeichen.*

**IW (ohne Zeichen):** Bruder Zweiter Aufseher, die Loge ist sicher verschlossen.

**2A:** klopft zweimal deutlich (ohne Zeichen) und spricht dann:

**2A:** Ehrwürdiger Meister, die Loge ist sicher verschlossen.

**EM:** Bruder Erster Aufseher, was ist die nächste Pflicht?

**1A:** Zu prüfen, ob nur Freimaurer anwesend sind.

**EM:** Zur Ordnung im Zweiten Grad, meine Brüder!

*Alle geben den Schritt und das Zeichen des Gesellengrades.*

**EM:** Bruder Zweiter Aufseher, wie viele Hauptbeamte hat die Loge?

**2A:** Drei: den Ehrwürdigen Meister, den Ersten und den Zweiten Aufseher.

**EM:** Bruder Erster Aufseher, wie viele Nebenbeamte hat die Loge?

**1A:** Drei, neben dem Tiler oder Äußeren Wächter – nämlich den Ersten und Zweiten Diakon sowie den Inneren Wächter.

**EM zum 2A:** Wo ist Ihr Platz?

**2A:** Im Süden, Ehrwürdiger Meister.

**EM:** Warum?

**2A:** Um die Sonne im Zenit zu markieren, die Brüder von der Arbeit zur Erholung und von der Erholung zur Arbeit zurückzurufen, damit Nutzen und Freude das Ergebnis seien.

**EM zum 1A:** Wo ist Ihr Platz?

**1A:** Im Westen, Ehrwürdiger Meister.

**EM:** Warum?

**1A:** Um den Sonnenuntergang zu markieren, die Loge auf Befehl des Ehrwürdigen Meisters zu schließen, nachdem sichergestellt wurde, dass jeder Bruder seinen gerechten Anteil empfangen hat.

**EM:** Wo ist der Platz des Ehrwürdigen Meisters?

**1A:** Im Osten, Ehrwürdiger Meister.

**EM:** Warum?

**1A:** Wie die Sonne im Osten aufgeht, um den Tag zu beleben, so steht auch der Ehrwürdige Meister dort, um die Loge zu eröffnen und die Brüder in der Freimaurerei zu unterweisen.

**EM:** Da unsere Arbeit im Zweiten Grad nun beendet ist, lasst uns – bevor wir die Loge schließen – die Hilfe des Großen Baumeisters des Universums anrufen:
Möge seine Gnade über uns wachen, unsere Pflichten heiligen und unsere Arbeit mit Frieden krönen.

**Altmeister:** So soll es sein.

**EM:** Brüder, im Namen des Großen Baumeisters des Universums erkläre ich diese Loge für ordentlich geschlossen – *alle geben das Zeichen* – zur Arbeit im Zweiten Grad der Freimaurerei.

*Der EM gibt das Klopfzeichen des Zweiten Grades: zweimal kurz, einmal lang.*

*Der EO wiederholt das Zeichen und hebt das Zepter.*

*Der 2A: gibt das Zeichen und senkt das Zepter.*

*Der IW geht zur Tür, gibt das Zeichen und kehrt zurück.*

*Der Tiler antwortet mit dem Zeichen.*

*Der Altmeister schließt die Heilige Schrift. Der Zirkel wird wieder unter das Winkelmaß gelegt.*

*Der EM setzt sich, die Brüder folgen.*

# Öffnung der Loge im Dritten Grad (Meistergrad)

**Der Ehrwürdige Meister schlägt dreimal mit dem Hammer. Der Erste und Zweite Aufseher tun es ihm gleich.**

**EM:** Brüder, helft mir, die Loge im Dritten Grad zu öffnen. *Alle stehen auf.*

**EM:** Bruder Zweiter Aufseher, was ist die erste Pflicht eines Freimaurers?

**2A:** Zu prüfen, ob die Loge sicher verschlossen ist.

**EM:** Sehen Sie zu, dass diese Pflicht erfüllt ist.

**2A:** Bruder Innerer Wächter, prüfen Sie, ob die Loge sicher verschlossen ist.

*Der IW geht zur Tür, öffnet sie nicht, klopft dreimal deutlich und kehrt zu seinem Platz zurück.*

*Der Tiler antwortet mit demselben Klopfzeichen.*

**IW (ohne Zeichen):** Bruder Zweiter Aufseher, die Loge ist sicher verschlossen.

**2A:** klopft dreimal deutlich (ohne Zeichen) und spricht dann:

**2A:** Ehrwürdiger Meister, die Loge ist sicher verschlossen.

**EM:** Bruder Erster Aufseher, was ist die nächste Pflicht?

**1A:** Zu prüfen, ob nur Freimaurer anwesend sind.

**EM:** Zur Ordnung im Meistergrad, meine Brüder!

*Alle geben den Schritt und das Zeichen des Dritten Grades.*

**EM:** Bruder Zweiter Aufseher, wie viele Hauptbeamte hat die Loge?

**2A:** Drei: den Ehrwürdigen Meister, den Ersten und den Zweiten Aufseher.

**EM:** Bruder Erster Aufseher, wie viele Nebenbeamte hat die Loge?

**1A:** Drei, neben dem Tiler oder Äußeren Wächter – nämlich den Ersten und Zweiten Diakon sowie den Inneren Wächter.

**EM zum 2A:** Wo ist Ihr Platz in der Loge?

**2A:** Im Süden, Ehrwürdiger Meister.

**EM:** Warum sind Sie dort platziert?

**2A:** Um die Sonne im Zenit zu markieren und die Brüder von der Arbeit zur Erholung und von der Erholung zurückzurufen, damit Nutzen und Freude das Ergebnis seien.

**EM zum 1A:** Wo ist Ihr Platz?

**1A:** Im Westen, Ehrwürdiger Meister.

**EM:** Warum?

**1A:** Um den Sonnenuntergang zu markieren, die Loge auf Befehl des Ehrwürdigen Meisters zu schließen, nachdem sichergestellt wurde, dass jeder Bruder seinen gerechten Anteil empfangen hat.

**EM:** Wo ist der Platz des Ehrwürdigen Meisters?

**1A:** Im Osten, Ehrwürdiger Meister.

**EM:** Warum?

**1A:** Wie die Sonne im Osten aufgeht, um den Tag zu beleben, so steht auch der Ehrwürdige Meister dort, um die Loge zu eröffnen und die Brüder in der Freimaurerei zu unterweisen.

**EM:** Da die Loge ordnungsgemäß gebildet ist, lasst uns – bevor wir sie öffnen – die Hilfe des Großen Baumeisters des Universums    anrufen:
  Möge unser Werk, so in Ordnung begonnen, in Frieden fortgeführt und in Harmonie vollendet werden.

**Altmeister:** So soll es sein.

**EM:** Brüder, im Namen des Großen Baumeisters des Universums erkläre ich die Loge für ordentlich geöffnet – *alle geben das Zeichen* – zur Arbeit im Dritten Grad der Freimaurerei.

*Der EM gibt das Meister-Klopfzeichen: drei kurze Schläge.*

*Der EO wiederholt das Zeichen und hebt das Zepter.*

*Der 2A: gibt das Zeichen und senkt das Zepter.*

*Der IW geht zur Tür, gibt das Zeichen und kehrt zu seinem Platz zurück.*

*Der Tiler antwortet mit dem Zeichen.*

*Der Altmeister öffnet die Heilige Schrift an der Stelle des Dritten Grades. Der Zirkel liegt vollständig geöffnet über dem Winkelmaß.*

*Der EM setzt sich, die Brüder folgen.*

# Meistererhebung – Teil 1:
# Klopfen, Einlass und erste Prüfung

*Der Tiler bereitet den Kandidaten vor. Sobald dieser bereit ist, klopft der Tiler dreimal deutlich an die Tür.*

*Der Innere Wächter erhebt sich vor seinem Stuhl, macht den Schritt und gibt das Zeichen des Dritten Grades:*

**IW:** Bruder Zweiter Aufseher, es gibt ein Zeichen.

*Der Zweite Aufseher bleibt zunächst sitzen, klopft dreimal deutlich, erhebt sich dann, macht den Schritt und gibt das Zeichen:*

**2A:** Ehrwürdiger Meister, es gibt ein Zeichen.

**EM:** Bruder Zweiter Aufseher, erkundigen Sie sich, wer Einlass begehrt.

**2A:** Bruder Innerer Wächter, sehen Sie nach, wer Einlass begehrt.

*Der IW senkt das Zeichen, geht zur Tür, öffnet sie nicht, bleibt mit der Hand am Griff stehen und fragt den Tiler:*

**IW:** Wen führen Sie dort?

**Tiler:** Bruder ..., ein zu ehrender Gesellenfreimaurer, der ordnungsgemäß vorgeschlagen und in geöffneter Loge bestätigt wurde.

Er kommt nun aus freiem Willen und Entschluss, in der demütigen Bitte, zu den Geheimnissen und Vorrechten des Dritten Grades der Freimaurerei erhoben zu werden.

**IW:** Halten Sie inne, während ich dem Ehrwürdigen Meister Bericht erstatte.

*Der IW schließt und verriegelt die Tür, kehrt vor seinen Stuhl zurück, macht den Schritt und gibt das Zeichen, das er hält:*

**IW:** Ehrwürdiger Meister, Bruder ..., ein zu ehrender Gesellenfreimaurer, wurde ordnungsgemäß vorgeschlagen und in geöffneter Loge bestätigt.

Er kommt nun aus freiem Willen und Entschluss, in der demütigen Bitte, zu den Geheimnissen und Vorrechten des Dritten Grades der Freimaurerei erhoben zu werden.

**EM:** Bruder Zweiter Aufseher, auf welchen Grundlagen kann ein Bruder zur Erhebung zugelassen werden?

**2A:** Auf dem Zeugnis eines redlichen Lebenswandels, auf Treue zur Verpflichtung, auf Hingabe an Studium und Arbeit, und auf dem Willen, die tiefere Lehre des Bundes zu empfangen.

**EM:** Bruder Innerer Wächter, lassen Sie ihn in gebührender Form eintreten.

*Der IW senkt das Zeichen. Der Kandidat wird in symbolischer Weise eingelassen. Der Zweite Diakon nimmt seine rechte Hand. Beide werden durch den IW eingelassen. Die Tür wird wieder verschlossen und verriegelt.*

*Der 2D führt den Kandidaten auf dem üblichen Weg durch die Loge, begleitet von symbolischer Musik oder Stille. Es beginnt die erste symbolische Perambulation.*

# Meistererhebung – Teil 2: Perambulation, Befragung und Vorbereitung zur Verpflichtung

*Der Zweite Diakon führt den Kandidaten auf der symbolischen Umrundung durch die Loge – auf der gewohnten Route, beginnend im Norden, über Osten und Süden zurück nach Westen. Bei jeder Ecke gibt er leise Anweisung zum „Squaring" (rechte Winkel).*

*Der Erste Diakon schließt sich an und geleitet den Kandidaten – bei Rückkehr vor das Pult des Ehrwürdigen Meisters – mit dem Zweiten Diakon gemeinsam zum Kniekissen. Beide stehen seitlich, mit Blick nach Osten. Der Kandidat kniet auf dem linken Knie.*

**EM:** Bruder …, ehe Sie in den höchsten Grad des symbolischen Freimaurerbundes erhoben werden, muss ich Ihnen einige ernste Worte sagen.

Dieser Grad handelt – sinnbildlich – von **Tod, Verlust und Wiedererlangung**.
Was Sie heute erleben werden, ist keine bloße Zeremonie, sondern ein Gleichnis für das größte Mysterium unseres Daseins.

Daher frage ich Sie:

Sind Sie bereit, in das Geheimnis des Todes und der Auferstehung einzutreten – nicht als Schauspieler, sondern als ernsthaft Suchender?

**Kandidat:** Ich bin es.

**EM:** Sind Sie entschlossen, die damit verbundene Verpflichtung auf sich zu nehmen?

**Kandidat:** Ich bin es.

**EM:** Knien Sie nun auf das linke Knie. Der rechte Fuß bleibt aufrecht, die Ferse in rechter Haltung. Legen Sie Ihre rechte Hand auf das Buch des Heiligen Gesetzes, und halten Sie mit der linken Hand den Zirkel, dessen ein Schenkel Ihre entblößte linke Brust berührt.

*Der 2D und 1D helfen bei der Haltung. Die Brüder stehen im Schritt und geben das Zeichen. Die Diakone kreuzen ihre Stäbe über dem Kandidaten.*

# Verpflichtung im Dritten Grad

**EM:** Wiederholen Sie nach mir:

*Ich, ..., in Gegenwart des Großen Baumeisters des Universums und dieser rechtmäßig eingesetzten Loge von Freimaurer-Meister, verspreche und gelobe aufrichtig und feierlich, dass ich die Geheimnisse, Zeichen, Griffe, Worte und Allegorien dieses Grades weder ganz noch teilweise enthüllen werde – außer gegenüber einem rechtmäßig erhobenen Bruder oder innerhalb einer ordnungsgemäß gebildeten Loge.*

*Ich verspreche, die Pflichten meines Amtes mit Ernst zu erfüllen, den Geist der Bruderliebe zu bewahren, und die Lehren des Bundes in meinem Leben umzusetzen.*

*So helfe mir Gott und halte mich fest in diesem meinem feierlichen Gelöbnis.*

**EM:** Besiegeln Sie dieses Gelöbnis mit den Lippen auf dem Buch des Heiligen Gesetzes.

*Der Kandidat tut dies. Die Diakone senken ihre Stäbe. Die Brüder nehmen das Zeichen ab.*

**EM:** Was ist nun das vorherrschende Verlangen Ihres Herzens?

**2D (vorsprechend):** Licht – mehr Licht.


**EM:** Bruder Zweiter Diakon, mögen ihm die Augen geöffnet werden.


*Der 2D entfernt die Augenbinde. Der Kandidat erblickt den Altar mit dem vollständig geöffneten Zirkel über dem Winkelmaß.*

# Meistererhebung – Teil 3: Hiramlegende, Zeichen, Griff und Wort

*Nachdem dem Kandidaten das Licht gegeben wurde, steht er mit den Diakonen vor dem Altar.*

**EM:** Bruder …, nun, da Sie Licht empfangen haben, darf ich Ihnen die Erkennungszeichen des Dritten Grades mitteilen – bestehend aus **Zeichen, Griff** und **Wort.**

Doch diese sind – anders als in den vorherigen Graden – nicht bloß äußere Merkmale, sondern tragen eine **tiefere sinnbildliche Bedeutung.**

Sie sind eingebettet in eine **allegorische Darstellung** – die Erzählung vom Tod des Meisters **Hiram Abiff,** des Baumeisters am Tempel Salomos.

## Die Legende

In den alten Zeiten, als König Salomo den Tempel zu Jerusalem baute, setzte er Hiram Abiff als **Meister der Bauhütte** ein – ein Mann voll Weisheit und Geschick.

Drei Gesellen verlangten von ihm das Wort des Meisters, doch Hiram verweigerte es, da die Zeit und ihre Befähigung noch nicht erfüllt war.

Sie lauerten ihm an den drei Toren des Tempels auf:

– am östlichen Tor stellte sich der erste,
– am südlichen der zweite,
– am westlichen der dritte.

Hiram versuchte, auszuweichen, doch jeder versetzte ihm einen Schlag.

Am dritten Tor, durch einen tödlichen Hieb mit dem Hammer, wurde Hiram getötet.

Die Mörder vergruben seinen Leichnam in der Nähe des Tempels. Als sein Fehlen bemerkt wurde, sandte König Salomo Suchtrupps aus.

Erst am vierzehnten Tag wurde die Leiche gefunden. Dreimal griff man nach dem Leichnam – doch erst der **Meistergriff** vermochte, ihn zu heben.

## Das Zeichen

*Der EM demonstriert das Zeichen:*

Die rechte Hand wird an die linke Brust gelegt, in kreisender Bewegung über das Herz geführt, dann rasch zur rechten Seite gezogen und herabgelassen.

Es erinnert an den Schlag auf die Brust, der Hiram tötete, und an das Öffnen des Herzens im Tod.

## Der Griff

*Der EM nimmt die rechte Hand des Kandidaten:*

Der **Griff des Meisters** besteht darin, dass Daumen und Zeigefinger im rechten Winkel gegeneinander gepresst werden, die Handflächen verbunden – es ist der sogenannte **Löwengriff (Löwenpranke)**.

## Das Wort

**EM:** Das Wort des Meistergrades ist: **Mahabone**.

*Der 2D spricht es dem Kandidaten vor. Dieser wiederholt es.*

Es ist eine lautmalerische Ableitung von „*Ma-ha-bone*", was sinnbildlich gedeutet wird als: „Der große Baumeister des Universums ist gekommen zur Hilfe der Getreuen."

Das Wort wird stets geteilt oder buchstabiert zwischen zwei Brüdern weitergegeben, niemals unachtsam oder in voller Form ausgesprochen.

**EM:** Treten Sie ein – mit dem Griff und Wort eines Meisters.

*Der Kandidat wird vom EM durch den Griff zum symbolischen Wiederaufstehen geführt.*

# Meistererhebung – Teil 4:
# Die symbolische Erhebung und ihre Bedeutung

*Der Kandidat befindet sich in aufrechter Haltung vor dem Altar. Der Ehrwürdige Meister steht ihm gegenüber. Die Brüder der Loge stehen im Schritt und geben das Zeichen des Dritten Grades.*

**EM:** Bruder ..., was Sie bisher erfahren haben, war Vorbereitung.

Jetzt soll die **symbolische Handlung der Erhebung** vollzogen                    werden                    –
der Übergang vom Leben zum Tod und zur Wiedergeburt im Lichte des Meisters.

In der Legende wurde Hiram getötet, verborgen, gesucht und wiedererkannt.

So auch im Menschen: Der innere Meister muss durch Prüfung hindurch,

verliert sich in der Welt – und wird durch Licht, Arbeit und brüderliche Hilfe wiedererweckt.

*Der 2D legt den Kandidaten auf den Rücken in die Mitte der Loge – mit Blick nach oben. Vier Brüder stellen sich an seine Seite.*

*Der EM spricht:*


**EM:** Mögen diese Brüder helfen, den Meister zu erheben, wie es die Suchenden im alten Tempel taten – nicht durch rohe Gewalt, sondern durch den Griff des Meisters und die Macht der Wahrheit.


*Die Brüder versuchen symbolisch, den Kandidaten mit dem Griff des Lehrlings zu erheben – erfolglos.*


*Dann versuchen sie es mit dem Griff des Gesellen – ebenfalls erfolglos.*


*Schließlich nähert sich der EM und greift mit dem Meistergriff (Löwengriff) zu.*


*Der Kandidat wird **symbolisch erhoben** – der EM richtet ihn mit feierlichem Ernst auf.*


**EM:** So wie Hiram fiel und erhoben wurde, so möge auch in Ihnen der innere Meister erwachen – zu einem Leben der Weisheit, des Mutes und der Treue.


*Alle Brüder senken das Zeichen. Der Kandidat steht nun unter ihnen als Meister.*

**EM:** Sie sind nun ein **Meisterfreimaurer** – nicht durch Titel, sondern durch Ihre Aufnahme in die tiefste Bedeutung unserer Lehre.

Sie haben erfahren:

– **Verlust** – denn der alte Weg reicht nicht mehr aus.
– **Suchen** – denn Wahrheit liegt nicht auf der Oberfläche.
– **Erhebung** – denn durch die Bruderschaft, das Wort und die Arbeit wird der Mensch erneuert.

Hüten Sie das Wort. Üben Sie das Zeichen. Leben Sie nach dem Maß. Der Tempel Salomos ist zerstört – doch ein größerer Tempel soll errichtet werden: **in Ihnen selbst.**

# Meistererhebung – Teil 5:
# Unterricht nach der Erhebung
# („Charge after Raising")

**Redner:**

Bruder …, durch Ihre heutige Aufnahme in den Dritten Grad haben Sie die höchste Stufe des symbolischen Freimaurer-bundes erreicht. Doch diese Erhebung bedeutet nicht einen Abschluss, sondern den **Beginn einer neuen Verpflichtung**.

Sie sind jetzt ein **Meisterfreimaurer** – und damit Träger einer Lehre, die Sie mit Ernst, Würde und Nachdenken betrachten sollen.

Die vorangegangene Zeremonie hat Sie mit einem ernsten Gleichnis vertraut gemacht: dem Gleichnis von **Hiram Abiff**, dem getreuen Baumeister, der nicht bereit war, das heilige Wort unrechtmäßig zu offenbaren und lieber den Tod wählte als Verrat.

In dieser Geschichte liegt eine **tiefgreifende sittliche Belehrung**:

– Sie lehrt **Treue bis zum Äußersten**.
– Sie zeigt, dass das, was wirklich wertvoll ist, **nicht mit Gewalt errungen** werden kann.
– Und sie mahnt, dass die **wahre Wiedergeburt** nur dem

zuteil wird,
der durch Erkenntnis, Prüfung und Bruderliebe geht.

Der **Tod des Meisters** steht sinnbildlich für den Verlust des wahren Lichtes, der Zustand geistiger Nacht, in den der Mensch fallen kann. Doch in der Freimaurerei wird dieser Zustand **nicht als Ende**, sondern als **Übergang** gesehen – zur Erneuerung, zur Selbsterkenntnis, zur Wiedererweckung des inneren Lichts.

Die Aufgabe des Meisters ist es nun:

– **Mit Weisheit** zu führen,
– **mit Stärke** zu handeln,
– und **mit Schönheit** zu vollenden.

Vergessen Sie nicht die Pflicht, die Sie gegenüber Gott, dem Nächsten und sich selbst übernommen haben Vergessen Sie nicht die heilige Verpflichtung zur Verschwiegenheit, zur Treue und zur Würde im Umgang.

Der Meistergrad verlangt **keinen äußeren Rang**, sondern **innere Wachsamkeit, geistige Reife,** und **Verantwortung für die Brüder und die Menschheit.**

# Erklärung des Tracing Boards – 3. Grad

**Redner:**
Bruder, dies ist das **Tracing Board des Dritten Grades der Freimaurerei**, und wie in den beiden vorangegangenen Graden stellt es eine sinnbildliche Darstellung dar – diesmal jedoch mit einem deutlich **ernsteren und nachdenklicheren Charakter**.

Im Zentrum steht die Geschichte des **Meisters Hiram Abiff**, deren allegorischer Gehalt den Kern dieses Grades bildet.

Der Meistergrad befasst sich mit dem **letzten großen Geheimnis des Lebens**: dem **Tod** – und dem, was über ihn hinausweist.

So wie Hiram fiel, weil er das heilige Wort nicht preisgeben wollte, so soll auch der Freimaurer stets **Treue, Aufrichtigkeit und Mut** über das eigene Wohl stellen.

Die Darstellung zeigt **das Grab des Meisters** – eingerichtet an der Stelle, wo sein Leichnam nach der Legende gefunden wurde.

Es ist markiert durch:

– einen **Akazienzweig**,
 – einen **Steinhaufen** in Form einer unvollendeten Pyramide,
 – und umgeben von Symbolen der Vergänglichkeit:
Totenkopf, Stundenglas, gekreuzte Werkzeuge.

Diese Zeichen sollen nicht erschrecken,
sondern erinnern:
**Das Leben ist endlich – der Geist aber lebt fort.**

Die **Akazie** ist Sinnbild der **Unverweslichkeit**,
der **Reinheit der Seele**
und des **ewigen Lebens**.

Sie wurde an die Grabstelle gepflanzt,
damit der Ort erkannt werden konnte –
so wie die Tugend eines Menschen auch über den Tod hinaus
erkannt wird.

**Redner:**
Bruder, neben dem Grab des Meisters stehen die **Werkzeuge**, durch die – der Legende nach – sein Tod herbeigeführt wurde:

– ein **Lineal**,
– ein **Winkelmaß**,
– und ein **Hammer**.

Diese drei Werkzeuge wurden von den drei unvollkommenen Gesellen geführt – jene, die das heilige Wort mit Gewalt an sich reißen wollten, statt es durch rechtmäßige Arbeit und Würdigkeit zu empfangen.

Die Werkzeuge, die dem Menschen zur **Erbauung** gegeben wurden, wurden durch Unverstand und Gier zur **Zerstörung** missbraucht.

Diese Symbolik mahnt uns: Jede Fähigkeit kann zum Guten oder zum Bösen verwendet werden – es ist der sittliche Wille, der entscheidet.

Die drei Mörder stehen sinnbildlich für:

– **Unwissenheit**,
– **Fanatismus**,
– und **Eigennutz**.

Sie sind es, die den inneren Menschen töten,
die das Licht des Geistes verdunkeln
und ihn daran hindern, das wahre Wort zu finden.

Im Ritual sehen wir, dass mehrere Versuche unternommen werden, den Leichnam Hirams zu erheben:

– Zunächst mit dem Griff des Lehrlings – er gleitet ab.
– Dann mit dem Griff des Gesellen – er hält nicht.
– Erst der **Meistergriff**, auch genannt **der Löwengriff**, vermag es, den Bruder zu erheben.

Dies bedeutet:
Nur wer alle Prüfungen durchlebt hat,
wer durch Dunkelheit gegangen ist
und dennoch treu geblieben ist,
kann durch den Geist der Wahrheit wieder „aufgerichtet" werden.

**Redner:**
Bruder, als der Leichnam gefunden wurde, konnten die alten Meisterzeichen nicht mehr gegeben werden – denn das heilige Wort war **verloren gegangen**.

An seiner Stelle wurde ein **neues Wort eingeführt**, das durch den Meistergriff gegeben wird: **Mahabone**.

Dieses Wort bedeutet sinnbildlich: „Der Herr ist gekommen zur Hilfe der Getreuen" – eine Versicherung, dass das Licht dem zuteil wird, der in Treue ausharrt.

Die **Verlorenheit des Wortes** ist ein zentrales Thema der Freimaurerei:
Sie verweist darauf, dass das eigentliche Ziel des Suchenden **nicht äußerlich zu finden** ist, sondern **innerlich wiedergeboren** werden muss.

Der wahre Tempel, der vollendet werden soll, ist nicht aus Stein gebaut – sondern **besteht im Menschen selbst**.

Der Meistergrad lehrt: Nur durch **Erkenntnis der eigenen Sterblichkeit**, durch das **Loslassen des Eitlen**, und durch das **Treubleiben im Innersten** kann das Werk vollendet werden.

Der Tod ist nicht das Ende –
sondern ein Übergang.

Der Verlust ist nicht endgültig –
sondern ein Anstoß zur höheren Suche.

Das Wort ist verloren –
damit es **im Innersten des Menschen**
neu gefunden werde.

# Lectures des Dritten Grades:

*(Hinweis: Die Lectures erfolgen wie in den vorangegangenen Graden im traditionellen Frage-und-Antwort-Stil.)*

**Frage:** Sind Sie ein Meisterfreimaurer?

**Antwort:** Ich bin es. Versuchen Sie mich.

F: Wie soll ich das tun?

A: Durch Zeichen, Griff und Wort sowie durch reguläre Prüfung.

F: Wo wurden Sie erhoben?

A: In einer rechtmäßig eingesetzten Loge von Freimaurer-Meister.

F: Wie ist eine Loge von Freimaurer-Meister gebildet?

A: Von sieben oder mehr Freimaurern, von denen fünf Meister sein müssen – in einem abgeschlossenen Raum mit dem Buch des Heiligen Gesetzes, dem Winkelmaß und dem Zirkel, korrekt ausgerichtet, geöffnet mit Genehmigung einer anerkannten Großloge.

F: Wann wurde Ihre Loge geöffnet?

A: Als die Sonne im Westen stand – bereit, den Tag zu beschließen.

F: Warum zu dieser Stunde?

A: Damit die Arbeit des Tages beendet und in Weisheit vollendet werde.

F: Wo steht der Ehrwürdige Meister?

A: Im Osten.

F: Warum?

A: Wie die Sonne im Osten aufgeht, um den Tag zu beleben, so steht auch der Ehrwürdige Meister dort, um die Loge zu eröffnen und die Brüder in der Freimaurerei zu unterweisen.

F: Wo steht der Erste Aufseher?

A: Im Westen.

F: Warum?

A: Um den Sonnenuntergang zu markieren und die Loge auf Befehl des Ehrwürdigen Meisters zu schließen, nachdem sichergestellt wurde, dass jeder Bruder seinen gerechten Anteil empfangen hat.

F: Wo steht der Zweite Aufseher?

A: Im Süden.

F: Warum?

A: Um die Sonne im Zenit zu markieren, die Brüder von der Arbeit zur Erholung und von der Erholung zurückzurufen, damit Nutzen und Freude das Ergebnis seien.

F: Wem verdanken wir die Legende, auf der der Dritte Grad beruht?

A: Dem Bericht über den Bau des Tempels zu Jerusalem und der Rolle des Meisters Hiram Abiff.

F: Wer war Hiram Abiff?

**A:** Ein Meisterbaumeister, vom König von Tyrus nach Jerusalem gesandt, um Salomo beim Bau des Tempels zu unterstützen. Er war ein Mann großer Weisheit und Geschicklichkeit.

**F:** Was geschah ihm gemäß der maurerischen Überlieferung?

**A:** Er wurde von drei unvollkommenen Gesellen angegriffen, weil sie das Meisterwort erpressen wollten. Da er sich weigerte, es preiszugeben, wurde er von ihnen getötet.

**F:** Wo wurde sein Leichnam gefunden?

**A:** In einem seichten Grab, außerhalb des Tempelgeländes, gekennzeichnet durch einen Akazienzweig.

**F:** Was geschah nach der Entdeckung?

**A:** Man versuchte, ihn mit verschiedenen Griffen zu erheben – mit dem des Lehrlings und des Gesellen – doch erst der Griff des Meisters, der sogenannte **Löwengriff**, vermochte, den Leichnam zu erheben.

**F:** Warum konnten die alten Zeichen und das ursprüngliche Wort nicht mehr verwendet werden?

**A:** Weil sie mit dem Tod Hirams verloren gingen – das Wort wurde nie enthüllt, und damit galt es als nicht mehr existent.

**F:** Was wurde an ihrer Stelle eingesetzt?

**A:** Ein neues Wort – das als Ersatz dient – und nur unter denjenigen weitergegeben wird, die durch das Ritual der Erhebung gegangen sind.

**F:** Welches Zeichen erinnert an diesen Vorgang?

**A:** Ein Zeichen, das die Bewegung der rechten Hand über die Brust darstellt – vom Herzen über den Körper hinweggeführt und herabgelassen –, zur Erinnerung an die symbolische Wunde.

**F:** Was ist der Griff?

**A:** Der Griff des Meistersfreimaurers – auch Löwengriff genannt. Er besteht aus einer festen Umfassung des Handgelenks oder der Handfläche, bei der Daumen und Zeigefinger ein festes Winkelmaß bilden.

**F:** Was ist das Wort?

**A: Mahabone** – ein Wort, das sinnbildlich verstanden wird und nur im Grad verwendet wird.

**Frage:** Was lehrt uns die Legende vom Tod Hiram Abiffs?

**A:** Sie lehrt, dass der Mensch im Leben Prüfungen begegnet, dass er Versuchungen standhalten muss, und dass Treue zur Wahrheit selbst den Tod nicht fürchten darf.

**F:** Was bedeutet der Tod des Meisters im übertragenen Sinne?

**A:** Er steht für das Sterben des niederen Selbst – das Ablegen von Stolz, Unwissenheit und Eigenliebe –, damit das höhere Selbst erwacht.

**F:** Was symbolisiert die Wiedererhebung?

**A:** Die geistige Wiedergeburt: Die Rückkehr des inneren Lichts, das durch Dunkelheit, Verlust und Suche hindurch neu gefunden wird.

**F:** Welche Rolle spielt der Akazienzweig?

**A:** Er ist das Symbol der Unverwechselbarkeit, der Reinheit und der Hoffnung auf Unsterblichkeit.

**F:** Was soll der Meisterfreimaurer aus dieser Symbolik lernen?

**A:** Dass der äußere Tempel vergeht, doch der innere Tempel in ihm selbst errichtet werden muss. Dass das wahre Wort nicht durch Gewalt, sondern durch Treue, Arbeit und Einsicht gefunden wird.

**F:** Was ist die Aufgabe des Meisters?

**A:** Zu führen, zu lehren und ein Vorbild zu sein. Nicht durch Macht, sondern durch Maß. Nicht durch Herrschaft, sondern durch Weisheit.

**F:** Worauf gründet sich seine Autorität?

**A:** Auf gelebter Wahrheit, auf brüderlicher Liebe, und auf ständiger Arbeit am eigenen Charakter.

**F:** Was ist der tiefste Sinn des Meistergrades?

**A:** Dass der Tod nicht das Ende ist, sondern der Übergang zu einem höheren Bewusstsein. Dass das wahre Wort in uns selbst wiedergeboren werden muss – durch Leben, Sterben und geistige Auferstehung.

# Schließung der Loge im Dritten Grad (Meistergrad)

**Der Ehrwürdige Meister schlägt dreimal mit dem Hammer. Der Erste und der Zweite Aufseher tun es ihm gleich.**

**EM:** Brüder, helft mir, die Loge im Dritten Grad zu schließen. *Alle stehen auf.*

**EM:** Bruder Zweiter Aufseher, was ist die erste Pflicht eines Freimaurers?

**2A:** Zu prüfen, ob die Loge sicher verschlossen ist.

**EM:** Sehen Sie zu, dass diese Pflicht erfüllt ist.

**2A:** Bruder Innerer Wächter, prüfen Sie, ob die Loge sicher verschlossen ist.

*Der Innere Wächter geht zur Tür, öffnet sie nicht, klopft dreimal deutlich und kehrt zurück.*

*Der Tiler antwortet mit demselben Zeichen.*

**IW (ohne Zeichen):** Bruder Zweiter Aufseher, die Loge ist sicher verschlossen.

**2A:** klopft dreimal deutlich (ohne Zeichen) und spricht dann:

**2A:** Ehrwürdiger Meister, die Loge ist sicher verschlossen.

**EM:** Bruder Erster Aufseher, was ist die nächste Pflicht?

**1A:** Zu prüfen, ob nur Meisterfreimaurer anwesend sind.

**EM:** Zur Ordnung im Meistergrad, meine Brüder!

*Alle geben den Schritt und das Zeichen des Dritten Grades.*

**EM:** Bruder Zweiter Aufseher, wie viele Hauptbeamte hat die Loge?

**2A:** Drei: den Ehrwürdigen Meister, den Ersten und den Zweiten Aufseher.

**EM:** Bruder Erster Aufseher, wie viele Nebenbeamte hat die Loge?

**1A:** Drei, neben dem Tiler oder Äußeren Wächter – nämlich den Ersten und Zweiten Diakon sowie den Inneren Wächter.

**EM zum 2A:** Wo ist Ihr Platz in der Loge?

**2A:** Im Süden, Ehrwürdiger Meister.

**EM:** Warum?

**2A:** Um die Sonne im Zenit zu markieren, die Brüder von der Arbeit zur Erholung und von der Erholung zur Arbeit zurückzurufen, damit Nutzen und Freude das Ergebnis seien.

**EM zum 1A:** Wo ist Ihr Platz?

**1A:** Im Westen, Ehrwürdiger Meister.

**EM:** Warum?

**1A:** Um den Sonnenuntergang zu markieren, die Loge auf Befehl des Ehrwürdigen Meisters zu schließen, nachdem sichergestellt wurde, dass jeder Bruder seinen gerechten Anteil empfangen hat.

**EM:** Wo ist der Platz des Ehrwürdigen Meisters?

**1A:** Im Osten, Ehrwürdiger Meister.

**EM:** Warum?

**1A:** Wie die Sonne im Osten aufgeht, um den Tag zu beleben, so steht auch der Ehrwürdige Meister dort, um die Loge zu eröffnen und die Brüder in der Freimaurerei zu unterweisen.

**EM:** Da unsere Arbeit nun beendet ist, lasst uns – ehe wir die Loge schließen – die Hilfe des Großen Baumeisters des Universums anrufen:
Möge der Geist des Friedens über uns wachen, uns in unseren Pflichten bestärken und unseren brüderlichen Bund erhalten.

**Altmeister:** So soll es sein.

**EM:** Brüder, im Namen des Großen Baumeisters des Universums erkläre ich diese Loge für ordentlich geschlossen – *alle geben das Zeichen* – zur Arbeit im Dritten Grad der Freimaurerei.

*Der EM gibt das Meister-Klopfzeichen: drei kurze Schläge.*

*Der Erste Aufseher wiederholt das Zeichen und hebt das Zepter.*

*Der Zweite Aufseher gibt das Zeichen und senkt das Zepter.*

*Der Innere Wächter geht zur Tür, gibt das Zeichen und kehrt zurück.*

*Der Tiler antwortet mit dem Zeichen.*

*Der Altmeister schließt das Buch des Heiligen Gesetzes, legt den Zirkel wieder unter das Winkelmaß.*

*Der EM setzt sich, die Brüder folgen.*

# Teil 3: Das mythologische und spirituelle Fundament der drei Grade des Emulationsritus

## Sektion 1: Einführung
### Abschnitt 1: Geistige Einflüsse I – Die Tradition der Aufklärung und der innere Tempel

Der Emulations-Ritus atmet den Geist einer Epoche, in der Vernunft und Glauben, Sinnsuche und Wissenschaft nicht im Widerstreit standen, sondern sich in einem höheren Ideal gegenseitig durchdrangen. Die Aufklärung, wie sie im 18. Jahrhundert insbesondere in England, Frankreich und Deutschland wirkte, schuf den geistigen Boden für eine symbolische Praxis, in der der Mensch nicht länger Objekt göttlicher Gnade, sondern aktives Subjekt einer inneren Vervollkommnung war. Das Ritual wurde nicht zur bloßen Erinnerung an göttliches Wirken, sondern zum lebendigen Weg des Menschen zu sich selbst – durch Arbeit, Erkenntnis und moralische Läuterung.

Im Emulations-Ritus zeigt sich dieser Einfluss in der klaren, fast nüchternen Struktur der Handlungen, die dennoch von tiefer Symbolkraft durchdrungen sind. Die Schritte, Worte, Zeichen und Bewegungen folgen einer inneren Logik, die den freien Willen anspricht – nicht als abstrakte Idee, sondern als konkrete Verpflichtung zu Selbstbeherrschung, Wahrheitssuche

273

und ethischer Selbsterziehung. Die Tempelarbeit wird zur Metapher des Denkens, zum Bauplan einer sittlichen Weltordnung, die im Menschen beginnt und im gemeinsamen Handeln Gestalt annimmt.

So ist der Emulations-Ritus ein Kind der Aufklärung – aber eines, das nicht in der Trockenheit rationalistischer Systeme verharrt, sondern das Licht der Vernunft mit der Tiefe des Symbols vereint. In ihm lebt das Ideal des „inneren Tempels", der in jedem Menschen errichtet werden soll: nicht durch äußere Offenbarung, sondern durch stille, geduldige Arbeit an sich selbst, im Lichte des Logos und im Schweigen des Herzens.

**Abschnitt 2: Geistige Einflüsse II – Christliche Mystik und sittlicher Ernst**

Neben dem Einfluss der Aufklärung durchdringt auch das Erbe der christlichen Mystik den Emulations-Ritus auf tiefgreifende Weise. Zwar wird das Ritual in keiner Weise dogmatisch oder konfessionell; doch sind seine Bilder, Begriffe und Haltungen stark vom geistigen Kosmos des protestantisch geprägten England durchwirkt. Es ist die stille, ernsthafte Frömmigkeit des innerlichen Christentums – wie sie etwa bei William Law, Jakob Böhme oder auch bei den Quäkern begegnet –, die hier in eine symbolische Sprache überführt wurde.

Die Tugenden, die im Ritual hervorgehoben werden – Demut, Wahrhaftigkeit, Nächstenliebe, Geduld, Gehorsam gegenüber dem inneren Gewissen –, entspringen einem Menschenbild, das den Menschen als gefallenes, aber zur Erhebung befähigtes Wesen versteht. Der Weg des Suchenden ist im Ritus kein heroischer Triumphzug, sondern ein stilles, oft schmerzvolles Ringen mit sich selbst, mit Irrtum, Stolz und Selbsttäuschung. Der Sinn für das Gewissen, die Reue, die Läuterung und das Vertrauen auf eine höhere Ordnung durchzieht die Handlung wie ein unsichtbarer Strom.

Besonders im Meistergrad wird die Nähe zur christlichen Passionssymbolik spürbar: das freiwillige Opfer, der Tod des Gerechten, die Hoffnung auf ein neues Leben jenseits des Sichtbaren. Doch bleibt diese Bildwelt offen, anschlussfähig und frei von Dogma – sie erhebt den Menschen nicht durch Glaubensbekenntnis, sondern durch die Arbeit an seinem Charakter. Die Mystik des Ritus ist eine tätige: Sie verlangt kein Wunder, sondern Wandel. Sie verheißt keine Erlösung von außen, sondern eine Verwandlung von innen.

**Abschnitt 3: Geistige Einflüsse III – Antike Mysterien und das Erbe der Initiation**

Tiefer als die Aufklärung und älter als die christliche Mystik reicht ein dritter Einflussstrom, der den Emulations-Ritus durchzieht: das geistige Erbe der antiken Mysterienkulte. Zwar hüllt sich das Ritual in die Formen und Worte der neuzeitlichen Freimaurerei, doch seine innere Struktur, sein dramatischer Aufbau und sein initiatischer Ernst deuten auf weit ältere Quellen. Die Stufenfolge von Unwissenheit, Erkenntnis und symbolischem Tod – wie sie in den drei Graden entfaltet wird –

275

entspricht genau jenen Bewegungen, die auch in den eleusinischen Mysterien, im isisischen Kult oder den Lehren der Pythagoreer zu finden sind.

Im Zentrum steht nicht bloß die Vermittlung von Wissen, sondern eine seelische Wandlung durch symbolische Erfahrung. Das Ritual ist kein Lehrvortrag, sondern ein Einbruch des Transzendenten in die Ordnung des Sichtbaren. Es vollzieht in dramatischen Handlungen, was sich im Innersten des Menschen als Bewusstseinsverwandlung vollziehen soll. Der Tempel ist dabei Bühne und heiliger Raum zugleich – Ort der Wiederholung archetypischer Erfahrungen, die jede Generation von Neuem an sich selbst vollziehen muss.

Die Emulation-Tradition übernimmt diese Struktur mit schlichter Eleganz: Ihre Rituale verzichten auf theatralische Ausschmückung, bewahren aber den geheimen Rhythmus von Abstieg, Erkenntnis und geistiger Wiedergeburt. Wie in den alten Mysterien bleibt das Zentrum unausgesprochen – ein heiliges Schweigen umgibt das, was nicht gesagt, sondern nur erfahren werden kann. In dieser Zurückhaltung liegt die eigentliche Tiefe des Ritus: Er bleibt im Äußeren einfach, im Inneren unendlich.

## Abschnitt 4: Abgrenzung zu anderen freimaurerischen Riten

Der Emulations-Ritus unterscheidet sich von vielen anderen freimaurerischen Systemen – namentlich vom Alten und Angenommenen Schottischen Ritus oder vom Schwedischen System – nicht in der Substanz seiner Lehren, wohl aber in seiner Form, seinem Geist und seiner Methodik. Wo der Schottische Ritus mit allegorischer Fülle, hohem Pathos und einer Vielzahl symbolischer Grade arbeitet, wählt der Emulations-Ritus die Konzentration, die Reduktion, das Wesentliche. Er entfaltet seine Kraft nicht durch äußere Dramatik, sondern durch innere Stille, durch feine Symbolik und die Wiederholung einer tief durchdachten Form.

Ein weiteres Unterscheidungsmerkmal ist seine konfessionelle Offenheit. Während etwa das Schwedische System in seiner Struktur und Lehre ausdrücklich auf das christliche Dogma gegründet ist, bleibt der Emulations-Ritus bewusst allgemeingültig: Er ruft zur Gottesverehrung, verlangt jedoch kein spezifisches Bekenntnis. Sein Licht ist nicht exklusiv, sondern universal – es leuchtet für den, der mit reinem Herzen sucht, gleich welchen religiösen Hintergrunds.

Auch im rituellen Vollzug zeigt sich der Unterschied: Der Emulations-Ritus arbeitet mit größter Genauigkeit, fast liturgischer Disziplin. Jede Geste, jedes Wort ist überliefert und festgelegt. Improvisation ist nicht vorgesehen – und gerade in dieser Strenge liegt seine Schönheit. Die Wiederholung des immer Gleichen schafft einen Raum der Tiefe: Was einmal gesprochen wird, bleibt bedeutungsvoll; was wiederkehrt, wird zum Spiegel der eigenen Wandlung. So bildet sich im Emulations-Ritus ein ritueller Minimalismus, der – fern aller theatralischen Mittel – ein Höchstmaß an innerer Wirkung entfalten kann.

## Sektion 2: Kosmologie und Weltbild
### Abschnitt 1: Die Loge als Abbild des Kosmos

Im Emulations-Ritus ist die Loge weit mehr als ein Versammlungsort: Sie ist ein Abbild des Kosmos, eine symbolische Weltordnung im Kleinen, ein „Mikrokosmos des Makrokosmos". Ihre Ausrichtung, ihre Einteilung, ihre Struktur folgen nicht pragmatischen, sondern geistigen Gesetzen. Der Osten ist der Ort des Lichts, der Weisheit, des Ursprungs aller Erkenntnis – nicht zufällig erhebt sich dort der Stuhl des Meisters. Der Westen dagegen markiert den Eingang der Suchenden, den Anfangspunkt der Erkenntnisreise – gleichsam das Tor aus der profanen Welt.

Die drei Hauptsäulen – Weisheit, Stärke und Schönheit – stehen dabei nicht nur für moralische Tugenden, sondern repräsentieren zugleich kosmische Prinzipien, die in Harmonie wirken müssen, damit ein Bau Bestand hat – sei es der äußere Tempel, sei es der innere Mensch. Die Bewegung in der Loge, die Stellung der Beamten, die symbolischen Gegenstände: alles ist durchdrungen von einem geistigen Maß, das der Baukunst des Universums entnommen ist.

Der Logenraum wird damit zur heiligen Geometrie, zur lebendigen Architektur des Geistes. Er bildet – auf geheimnisvolle Weise – eine Welt in sich, in der jede Handlung, jede Formel, jede Platzierung Resonanz hat mit etwas Größerem. Der Bruder, der diesen Raum betritt, tritt ein in ein geordnetes, harmonisches Weltgefüge, das ihn nicht als Zuschauer, sondern als Teilhaber aufnimmt. In diesem Sinne ist der Tempel keine Bühne, sondern ein Spiegel: Er zeigt dem Menschen, was er ist – und was er sein könnte.

**Abschnitt 2: Die Achsen des Raumes – Orientierung und Bedeutung**

Die Orientierung der Loge folgt einem uralten Prinzip: der Einbindung des rituellen Raumes in die große Ordnung der Welt. Sie verläuft symbolisch von Osten nach Westen – wie der Lauf der Sonne – und damit auch wie der Weg des Lichts, das aus dem Osten kommt. Diese Achse stellt die geistige Bewegung dar, die den Lehrling aus der Dunkelheit des Westens in das Licht der Erkenntnis führt. Der Süden steht dabei für den höchsten Stand des Lichts – für Klarheit, Wachstum, Wirksamkeit –, während der Norden als Ort des Schattens gemieden wird.

Diese räumliche Symbolik ist nicht bloß metaphorisch: Sie bildet sich konkret im Aufbau der Loge ab. Der Meister sitzt im Osten, als Quelle des Lichts und geistiger Ordnung. Der Erste Aufseher im Westen empfängt den Suchenden und geleitet ihn auf seinen Weg. Der Zweite Aufseher im Süden überwacht seine Fortschritte. In der Mitte der Loge aber befindet sich das unergründliche Zentrum – der „Altar", an dem sich das Sichtbare und das Unsichtbare berühren.

Durch diese Anordnung entsteht eine symbolische Weltkarte, eine Art geistiges Navigationssystem. Jede Richtung ist mit Bedeutung geladen, jede Bewegung innerhalb der Loge ist zugleich ein innerer Schritt. Der Raum selbst wird zum Lehrer, zur lebendigen Offenbarung eines Weltbildes, das Ordnung, Harmonie und Sinn in sich birgt. Wer sich in ihm bewegt, bewegt sich – im Idealfall – auch in sich selbst.

**Abschnitt 3: Licht, Finsternis und das Gleichgewicht der Kräfte**

Im Zentrum der kosmischen Symbolik des Emulations-Ritus steht das Licht – nicht als physikalisches, sondern als geistiges Prinzip. Es ist Sinnbild der Erkenntnis, der Wahrheit, der göttlichen Ordnung. Der Eintritt in die Loge ist gleichbedeutend mit dem Eintritt in ein Lichtfeld, in eine höhere Bewusstseinsebene. Der Suchende beginnt in der Finsternis – mit verbundenen Augen –, weil ihm das wahre Licht noch verschlossen ist. Erst durch Prüfung, Verpflichtung und Unterweisung darf er jenes Licht empfangen, das ihn befähigt, mit dem „inneren Auge" zu sehen.

Doch Licht ist im Emulations-Ritus nie isoliert gedacht. Es steht immer im Verhältnis zur Finsternis – nicht im Sinne eines moralischen Dualismus, sondern als Polarität des Daseins. Ohne Dunkelheit kein Licht, ohne Schatten keine Erkenntnis.

Der Ritus anerkennt diese Gegensätze nicht nur, er arbeitet mit ihnen. Die Prüfungen des Suchenden, die symbolische Reise, der Tod im Meistergrad – all dies sind Übergänge durch Dunkelheit, notwendig für die Geburt neuen Lichts.

So entsteht ein Weltbild, das nicht in statischen Gegensätzen erstarrt, sondern ein lebendiges Gleichgewicht sucht. Der Mensch wird nicht als fertiges Wesen begriffen, sondern als Bauender – einer, der das Licht sucht, nicht besitzt. In diesem Sinne ist die Loge kein Ort des dogmatischen Lichts, sondern ein Raum der beständigen Neugeburt desselben. Die wahre Erleuchtung liegt nicht in einem einmaligen Akt, sondern im ständigen Ringen mit der Finsternis – innen wie außen. Und eben darin wird der Ritus zum Abbild des Kosmos: ein Ort, in dem sich Kräfte begegnen, ausgleichen, verwandeln.

## Sektion 3: Die mythologische Struktur des Lehrlingsgrades
### Abschnitt 1: Der Beginn der Reise – Geburt in Symbolen

Der erste Grad des Emulations-Ritus, der Lehrlingsgrad, ist der symbolische Anfang jeder maurerischen Reise – nicht nur im äußeren Sinne der Mitgliedschaft, sondern im innersten Sinn einer spirituellen Geburt. Der Suchende wird in die Loge geführt wie ein Kind in eine neue Welt: mit verbundenen Augen, arm an Erkenntnis, aber reich an Möglichkeit. Er ist im Zustand des „Profanen", des noch Ungeweihten, der die Wahrheit weder sieht noch versteht – und doch trägt er in sich die Anlage zu Licht und Erkenntnis.

Diese Ausgangslage entspricht uralten Initiationsmythen: der Herabkunft in die Dunkelheit, dem Durchschreiten eines Schwellenraumes, der Transformation durch symbolischen Akt. In vielen Kulturen war die Initiation eine zweite Geburt – so auch hier. Der Lehrling wird in der Mitte der Loge durch die Kraft eines heiligen Schwurs in eine neue Ordnung aufgenommen. Er erhält nicht nur ein Zeichen, einen Händedruck, ein Wort – er erhält ein neues Verhältnis zur Welt. Die Loge wird ihm zum Mutterleib einer geistigen Wiedergeburt.

Die Umstände dieser „Geburt" sind bewusst reduziert, klar, fast spröde – und gerade dadurch von tiefer Wirkung. Es geht nicht um äußeren Prunk, sondern um innere Wandlung. Der Lehrling tritt aus dem Chaos des Unwissens in eine symbolische Ordnung ein, deren Prinzipien er noch nicht versteht, aber fühlen kann. Der erste Schritt ist getan – und mit ihm beginnt ein Weg, der nicht nach außen, sondern nach innen führt.

**Abschnitt 2: Der Westen – Ort der Unwissenheit und des Erwachens**

Die symbolische Richtung, aus der der Lehrling die Loge betritt, ist der Westen – jener Ort, an dem die Sonne untergeht, das Licht schwindet, die Schatten wachsen. In der mythischen Vorstellung vieler Kulturen ist der Westen nicht nur ein geografischer Punkt, sondern ein Sinnbild für den Zustand des Unwissens, des Endes, der Prüfung. Im Emulations-Ritus ist dieser Ort zugleich Anfang: Der Mensch tritt aus der profanen

Welt der Unordnung in eine rituelle Ordnung ein, aber noch mit verbundenen Augen, blind gegenüber dem Licht der Wahrheit.

Der Westen markiert im Ritus jenen Schwellenraum, der im mythologischen Denken den Übergang zwischen Welten darstellt – zwischen profaner Existenz und geistiger Wirklichkeit. Wie der Ägyptische Totenkult die Westseite des Nils als Reich der Verstorbenen verstand, so deutet auch der Ritus den Westen als Ort des Übergangs: der alte Mensch stirbt, ein neuer wird geboren. Der Suchende bleibt nicht im Westen, sondern durchschreitet die Grade und wandert symbolisch dem Licht entgegen, nach Osten – dem Ort des geistigen Sonnenaufgangs.

Diese Bewegung ist mehr als Geografie: Sie ist seelische Topographie. Der Bruder erkennt sich selbst als ein Wesen, das aus der Finsternis kommt, das irrt, das zweifelt – und gerade darum fähig ist zur Wandlung. Der Westen wird zur Zone des Erwachens, zur ersten Ahnung einer anderen Ordnung. Der Lehrling beginnt zu sehen – noch nicht mit den Augen des Wissens, aber mit denen der Sehnsucht. Und eben diese Sehnsucht ist es, die ihn auf seinem weiteren Weg trägt.

## Abschnitt 3: Werkzeuge des Anfangs – Symbole der inneren Arbeit

Im Lehrlingsgrad des Emulations-Ritus erhält der neue Bruder nicht nur ein Licht – er erhält auch Werkzeuge. Diese Werkzeuge sind nicht bloß Überbleibsel der operativen Baukunst, sondern tragen in sich eine tiefe symbolische Bedeutung: Sie sind Gleichnisse für jene inneren Kräfte, mit denen der Mensch sich selbst zu gestalten vermag. Im Zentrum stehen Winkelmaß, Zirkel und Senkblei – drei einfache Geräte, deren Bedeutung sich dem Laien zunächst entzieht, dem Eingeweihten aber zur täglichen Richtschnur wird.

Das Winkelmaß lehrt den aufrechten, ehrlichen Umgang mit dem Mitmenschen; der Zirkel begrenzt die Leidenschaften und führt zur Mäßigung; das Senkblei schließlich mahnt zur Lauterkeit, zur inneren Geradheit und zur Demut vor dem ewigen Maß. Diese Werkzeuge sind keine Dekoration, sondern Prüfsteine – an ihnen misst sich der Lehrling selbst. Sie fordern nicht Wissen, sondern Haltung. Nicht was der Mensch weiß, sondern wie er handelt, steht hier im Vordergrund.

Die Übergabe dieser Werkzeuge gleicht in ihrer Symbolik den Übergaben der heiligen Gegenstände in den Mysterien der Antike – sei es der Schlüssel, der Stab, das heilige Tuch. Der Mensch wird befähigt, aber nicht erlöst. Der Weg liegt noch vor ihm, und der Sinn dieser Gaben offenbart sich nicht durch Erklärung, sondern durch Erfahrung. Der Lehrling steht am Anfang einer langen Arbeit – und er weiß nun: Nicht ein

Anderer wird ihn erlösen, nicht ein Dogma wird ihn retten, sondern allein die tägliche, stille, aufrichtige Arbeit an sich selbst.

## Sektion 4: Der Gesellengrad
### Abschnitt 1: Die Reise zur Mitte – Bewegung und Bewährung

Mit dem Gesellengrad betritt der Bruder eine neue Stufe der Entwicklung: Er verlässt die Stille des Anfangs und wird zum Wandernden, zum Suchenden, der nicht mehr nur empfängt, sondern sich bewähren muss. Der Geselle steht symbolisch in der Mitte des Lebens, an jenem Punkt, wo Erkenntnis nicht mehr Theorie, sondern Tat werden muss. Die Reise, die er nun unternimmt, führt ihn tiefer in die symbolische Geographie der Loge – vom Westen über den Süden in Richtung Osten –, und damit zugleich tiefer in sich selbst.

Diese Bewegung ist nicht zufällig. Sie bildet den natürlichen Lauf der Sonne nach, den Bogen von Morgen zu Abend, von Geburt zu Reife. Der Geselle wandert in der Ordnung des Kosmos – nicht als Zuschauer, sondern als Mitwirkender. Auf seinem Weg begegnet er nicht nur äußeren Zeichen, sondern inneren Prüfungen: Zweifel, Stolz, Trägheit, Unklarheit. Diese gilt es zu erkennen, zu benennen und zu bearbeiten. Denn die Mitte ist nicht Ort des Gleichgewichts, sondern der Entscheidung.

Die Arbeit des Gesellen geschieht nicht im Verborgenen, sondern im Angesicht der Loge, der Gemeinschaft. Er steht nicht mehr am Rand, sondern beginnt mitzuwirken am Bau – am äußeren wie am inneren. Damit wächst seine Verantwortung, aber auch seine Erkenntnis. Was im Lehrlingsgrad noch verborgen war, wird nun greifbarer: Die Symbole gewinnen Tiefe, die Worte Bedeutung. Und in allem schwingt die Frage mit: Wird der Geselle bestehen? Wird er seinen Platz finden im größeren Bauplan des Geistes? Die Antwort liegt nicht im Ritual, sondern im Bruder selbst.

**Abschnitt 2: Dualität und Ordnung – Die Sprache der Gegensätze**

Im Gesellengrad wird der Bruder mit einer Welt konfrontiert, die nicht mehr eindimensional ist. Während der Lehrling in einem Zustand des Staunens und Empfangens verweilte, muss der Geselle nun lernen, Gegensätze auszuhalten und in ihnen Ordnung zu erkennen. Der Ritus dieses Grades spricht eine Sprache der Dualität: Licht und Schatten, Klang und Stille, Bewegung und Ruhe, Maß und Maßlosigkeit. Es ist die Welt der Polaritäten – nicht als Widerspruch, sondern als Spannungsfeld, das zur geistigen Reifung führt.

Diese Gegensätzlichkeit ist überall in der symbolischen Architektur der Loge präsent: Die beiden Säulen Jachin und Boas, die das Tor zum Heiligtum flankieren, stehen nicht nur physisch am Eingang, sondern symbolisieren das Grundprinzip aller geistigen Entwicklung – das Zusammenspiel von Kraft und Beständigkeit, von Strenge und Milde. Zwischen ihnen hindurch muss der Geselle schreiten, wissend, dass kein Weg in die Mitte ohne die Begegnung mit dem Spannungsverhältnis der Gegensätze führt.

Zugleich wird das Denken in Maß und Zahl eingeführt. Die fünf Sinne, die fünf Säulen der klassischen Architektur, das Pentagramm als Symbol des Menschen – all dies verweist auf eine höhere Ordnung im scheinbaren Chaos der Welt. Der Geselle soll nicht urteilen, sondern verstehen; nicht trennen, sondern verbinden. Die Dualität wird so zum Schlüssel: Wer ihre Sprache versteht, beginnt, die Welt nicht mehr in Schwarz und Weiß zu sehen, sondern im Licht der Harmonie. Und genau das ist der Auftrag des Gesellen – inmitten der Widersprüche ein geistiges Gleichmaß zu finden.

**Abschnitt 3: Der raue Stein – Arbeit am unvollkommenen Selbst**

Im Mittelpunkt des Gesellengrades steht ein uraltes Sinnbild: der „raue Stein". Er ist nicht nur Symbol des Menschen im Zustand seiner Unvollkommenheit, sondern auch Ausdruck der geistigen Aufgabe, die jedem Suchenden gestellt ist. Der raue Stein ist unförmig, ungehauen, unbrauchbar für den Bau des Tempels – und doch birgt er in sich die Möglichkeit zur Form, zur Schönheit, zur Eingliederung in das große Ganze. Der Geselle steht vor diesem Stein – und erkennt: er selbst ist gemeint.

Die Arbeit am rauen Stein ist keine technische, sondern eine moralische, eine seelische Aufgabe. Sie verlangt Werkzeug und

Wille: das Maß des Gewissens, den Hammer des Entschlusses, den Hebel der Selbsterkenntnis. Im Emulations-Ritus ist diese Arbeit still, nicht spektakulär. Sie geschieht nicht in einer Vision, sondern im Alltag – in der Art, wie der Bruder spricht, urteilt, handelt, schweigt. Jeder Fehler, jede Schwäche, jede Neigung zur Bequemlichkeit ist ein Ausbruch am Stein, ein Winkel, der noch nicht stimmt, ein Splitter, der entfernt werden muss.

Doch der raue Stein ist nicht negativ zu verstehen. In ihm liegt bereits der vollkommene Stein verborgen – wie die Statue im Marmor, die nur darauf wartet, freigelegt zu werden. Der Geselle lernt, dass er nicht perfekt sein muss, sondern auf dem Weg ist. Und dass dieser Weg nicht endet, sondern sich vertieft. In diesem Sinn ist der Gesellengrad ein Grad der Hoffnung: Er zeigt dem Bruder, dass er gestalten kann – sich selbst und die Welt. Und dass im scheinbar Unbrauchbaren das Kostbarste verborgen liegt – wenn man bereit ist, daran zu arbeiten.

# Sektion 5: Der Meistergrad
## Abschnitt 1: Die Legende Hirams – Opfer, Sinn und Wandlung

Im Zentrum des Meistergrades steht die ergreifende und geheimnisvolle Legende des Hiram Abiff – Baumeister des salomonischen Tempels, Träger des „Wortes", das nicht ausgesprochen werden darf, und Opfer eines Verrates durch seine eigenen Brüder. Diese Erzählung ist keine bloße moralische Geschichte, sondern ein **archetypisches Drama**: Sie handelt von der unweigerlichen Konfrontation mit dem Tod, dem Verlust des Ursprungs, der Zerstörung des Sichtbaren – und von der geheimen Hoffnung auf Wiedergeburt in einer höheren Wirklichkeit.

Hiram stirbt, weil er **das Wort nicht preisgibt** – das heißt: Er verrät das Geheimnis nicht, das nicht verraten werden darf, weil es sich nicht durch Worte, sondern nur durch Erfahrung erschließt. Seine Treue bis zum Tod macht ihn nicht nur zum Symbol des vollkommenen Maurers, sondern zum Sinnbild des **eingeweihten Menschen**, der erkennt, dass geistige Wahrheit nicht auf Kompromisse mit dem Irdischen gebaut werden kann. Seine Ermordung durch die drei Gesellen – oft als Gier, Gewalt und Unwissenheit gedeutet – ist das Bild einer Welt, die das Geistige nicht erträgt, weil sie es nicht versteht.

Die rituelle Wiederauffindung Hirams durch die Brüder ist keine Auferstehung im biologischen Sinn, sondern eine **geistige Wiedergeburt**: Der wahre Baumeister lebt weiter im Herzen des Bundes, im Werk der Brüder, im Geist des

Tempels. Diese Wandlung – vom körperlichen Tod zur geistigen Kontinuität – ist die zentrale Botschaft des Meistergrades. Sie sagt: Der Tod ist nicht Ende, sondern Tor. Das Wahre geht nicht verloren, es verwandelt sich. Und der Mensch, der sich dem Tempelbau verschrieben hat, verliert nichts durch Opfer – sondern gewinnt Tiefe, Form und Ewigkeit.

**Abschnitt 2: Der symbolische Tod – Initiation als Durchgang**

Der Tod Hirams ist nicht nur Inhalt einer Legende – er wird **durchlebt**. Der Meistergrad konfrontiert den Bruder mit dem unausweichlichen Ende aller äußeren Formen: Körper, Rang, Besitz, Wissen – all dies vergeht. Was bleibt, ist die Frage: **Was ist das Unvergängliche im Menschen?** Der Ritus antwortet nicht mit Theologie, sondern mit Symbol. Der Bruder wird zum Toten – legt sich nieder, wird „begraben", verhüllt, vergessen – und doch: er wird gesucht, erkannt, gehoben. Was stirbt, ist die äußere Identität. Was aufersteht, ist das tiefere Selbst.

Diese Erfahrung folgt einer uralten Struktur, wie sie in den Einweihungsriten antiker Mysterienkulte von Eleusis bis Ägypten begegnet: Der Initiand stirbt symbolisch, durchschreitet Dunkelheit, Verlust, Stille – um in einer neuen Ordnung aufzuerstehen. Der Raum zwischen Tod und Erhebung ist leer – ein Schweigen, das alles enthält. In ihm liegt das „Mysterium" im eigentlichen Sinne: etwas, das nicht gesagt, sondern nur **erfahren** werden kann.

Im Emulations-Ritus wird dieses Mysterium mit schlichter Strenge vollzogen. Keine dramatischen Effekte, keine überhöhten Bilder – und doch eine tiefe, fast archaische Wucht. Die Haltung der Brüder, die stille Form der Erhebung, der symbolische Griff – all dies wirkt nicht durch Äußeres, sondern durch das, was im Inneren geschieht. Der Bruder, der diesen Tod bewusst durchlebt, verlässt die Loge nicht als derselbe, der sie betreten hat. Etwas ist gefallen, etwas erwacht. Er weiß nun: Der wahre Tempel wird nicht aus Steinen gebaut – sondern aus dem, was der Mensch in sich selbst überwindet.

**Abschnitt 3: Das verlorene Wort – Geheimnis und Sehnsucht**

Am Ende der Legende um Hiram steht ein Mangel: das **verlorene Wort,** das nicht mehr ausgesprochen werden kann, weil sein Träger gefallen ist. Dieses zentrale Motiv ist kein bloßes Rätsel – es ist das Herz des Meistergrades, der Kern des maurerischen Weges. Denn was verloren ist, ist nicht nur ein Wort im sprachlichen Sinn, sondern ein Zustand: die **ursprüngliche Einheit zwischen Mensch und Wahrheit**, zwischen Innerem und Äußerem, zwischen Werk und Sinn.

Das „Wort" steht für das unaussprechliche Zentrum jeder spirituellen Suche. Es ist das Symbol für jene **höchste Erkenntnis**, die nicht gelehrt, sondern nur erlebt werden kann – und die sich, einmal zerbrochen, nur durch inneren Wandel neu zusammensetzt. Der Emulations-Ritus wahrt dieses Geheimnis mit stiller Würde: Das verlorene Wort wird **nicht ersetzt**, sondern **vertretungsweise** durch ein anderes ersetzt –

ein Hinweis darauf, dass es nicht vergessen, wohl aber gegenwärtig ist, **im Zeichen, im Ritus, im Herzen.**

Diese Spannung zwischen Verlust und Sehnsucht, zwischen Geheimnis und Glaube, durchzieht das gesamte Ritual. Sie macht den Meistergrad nicht zum Ziel, sondern zum Übergang: Wer Meister wird, weiß, dass die wahre Meisterschaft jenseits des Grades liegt. Er erkennt, dass alles Wissen immer nur vorläufig ist – dass das Wesentliche verborgen bleibt, um gesucht zu werden. Und in dieser Suche – in der Treue zum Unaussprechlichen – liegt das eigentliche Werk des Meisters. Denn der Tempel, den er nun baut, ist unsichtbar: Er entsteht aus Sinn, aus Opfer, aus dem nie vollendeten Streben nach dem verlorenen Licht.

## Sektion 6: Alttestamentarische und gnostische Einflüsse
### Abschnitt 1: Der salomonische Tempel – Sinnbild der göttlichen Ordnung

Der Emulations-Ritus ist durchdrungen von der Symbolik des Alten Testaments, insbesondere von der Figur **König Salomos** und dem **Tempelbau in Jerusalem.** Dieser Tempel ist nicht nur ein historisches Gebäude, sondern ein **geistiges Urbild**, ein Archetyp für Ordnung, Harmonie und göttliche Gegenwart. Der Bau dieses Tempels bildet den äußeren Rahmen für alle drei Grade – vom ersten Schritt des Lehrlings bis zur Erhebung des Meisters.

Salomos Tempel symbolisiert das **vollkommene Gleichmaß** zwischen göttlichem Willen und menschlichem Werk. Jeder Stein, jede Säule, jedes Maß folgt einem höheren Plan. Der Maurer, der an diesem Bau mitwirkt, erkennt sich selbst als Teil dieses kosmischen Entwurfs. Der Bau des Tempels ist somit kein äußeres Ereignis, sondern ein innerer Zustand: Die Arbeit am Tempel ist die Arbeit an der eigenen Seele – geführt von Weisheit, gestützt durch Stärke, gekrönt von Schönheit.

Der Emulations-Ritus bewahrt diese Bildsprache mit nüchterner Klarheit. Er beschreibt keine dramatische Theophanie, sondern führt den Bruder durch Stille, Maß und Pflicht zur Einsicht: Wer am Tempel mitwirkt, steht im Dienst eines unsichtbaren Plans. Salomo wird dabei nicht als Monarch, sondern als Symbol der **Weisheit** verstanden – eine Kraft, die den Suchenden leitet. So wird der salomonische Tempel zum Modell einer geistigen Architektur, in der Ethik, Erkenntnis und Transzendenz miteinander verschmelzen.

**Abschnitt 2: Hiram Abiff – der verborgene Eingeweihte**

Neben Salomo tritt im Meistergrad ein zweiter Protagonist ins Zentrum: **Hiram Abiff**, der Baumeister. Seine Gestalt ist geheimnisvoll, im Alten Testament nur kurz erwähnt – und doch wird er im Ritus zum **Sinnbild des vollkommenen Eingeweihten**, der das wahre Wort kennt, es aber im Angesicht des Todes nicht preisgibt. Diese Treue bis zum Letzten macht Hiram zu mehr als einer historischen Figur: Er wird zum **mystischen Träger des verborgenen Wissens**, zum Symbol des menschlichen Geistes, der durch Opfer und Standhaftigkeit vergeistigt wird.

In der esoterischen Deutung ist Hiram nicht nur ein Baumeister, sondern ein **Repräsentant des höheren Selbst**, das sich dem niederen Trieb – verkörpert durch die drei „Ruffians" – entgegenstellt. Diese Deutung nähert sich dem gnostischen Menschenbild an: Der wahre Mensch ist in einer feindlichen, unverständigen Welt gefangen, sein innerstes Licht bedroht von Unwissenheit, Begierde und Gewalt. Doch wer das Geheimnis in sich trägt, kann es nicht zerstören – nur verbergen, weitergeben, im Geist bewahren.

Der Emulations-Ritus, obwohl äußerlich nüchtern, bewahrt diese Tiefenschicht. Hiram stirbt, doch seine **Kraft lebt fort** – im Griff, im Symbol, im Werk. Er wird nicht durch Erklärung gerettet, sondern durch die **Hingabe der Brüder**, die ihn suchen, erkennen und ehren. Damit wird der Ritus zu einer Liturgie des inneren Menschen, der sich selbst verliert, um sich in höherer Form wiederzufinden – ein Thema, das in vielen gnostischen Texten als der Weg von der „äußeren" zur „wahren" Menschlichkeit beschrieben wird.

**Abschnitt 3: Spuren der Gnosis – Licht, Erkenntnis und das verborgene Zentrum**

Obwohl der Emulations-Ritus sich in Form, Sprache und Struktur streng an die biblische Überlieferung anlehnt, durchzieht ihn eine tiefere Schicht von Bedeutung, die **genuin**

**gnostisch** anmutet. Die Gnosis – jene uralte Lehre vom verborgenen Licht im Menschen, von der Welt als Ort des Exils und vom Weg der Erkenntnis als Rückkehr zum Ursprung – spiegelt sich im Ritus nicht durch Lehrsätze, sondern durch **archaische Symbole, Übergänge und Schweigen.**

Das zentrale Motiv der Gnosis ist die Erkenntnis des inneren Lichts, das durch die Täuschungen der äußeren Welt verschüttet ist. Der Emulations-Ritus folgt diesem Muster: Der Lehrling beginnt im Dunkel, der Geselle erkennt das Maß, der Meister stirbt und wird in neuer Form erhoben. Diese symbolische Reise ist mehr als moralische Bildung – sie ist eine **Rückkehr zum Ursprung**, zum verborgenen „Wort", das seit dem Fall verborgen, aber nicht ausgelöscht ist.

Auffällig ist dabei die **bewusste Leerstelle**: das Wort, das verloren ist, der Name, der nicht ausgesprochen wird, das Licht, das nicht gezeigt werden kann. Diese Mangelstruktur ist typisch gnostisch – nicht als Fehler, sondern als Hinweis darauf, dass das Wesentliche nicht gegeben, sondern **gefunden** werden muss. Erkenntnis geschieht nicht durch Belehrung, sondern durch Erfahrung, durch innere Wandlung. Der wahre Tempel steht nicht in Jerusalem – er steht im Herzen des Menschen, wenn dieser erkennt, dass er selbst Hiram ist: Träger eines Lichts, das er nur im Opfer bewahren kann.

So bleibt der Emulations-Ritus äußerlich klar und strukturiert – doch im Innersten wirkt ein stilles Mysterium fort, das die Brüder über Generationen hinweg berührt hat: **ein Ruf nach**

Erkenntnis, nach Licht, nach dem verborgenen Namen, der in uns allen ruht.

## Sektion 7: Ritualsprache, Raum und Symbol
### Abschnitt 1: Die Wirkkraft der rituellen Sprache

Im Emulations-Ritus ist das Ritual nicht bloß ein äußerer Ablauf, sondern ein **sprachlich strukturierter Erfahrungsraum**, der den Bruder durch bestimmte Worte, Pausen und Formulierungen innerlich verwandelt. Die Sprache des Rituals ist rhythmisch, formelhaft und zugleich von eindringlicher Schlichtheit. Sie erzeugt keine emotionale Überwältigung, sondern eine feierliche Sammlung, die die **innere Aufmerksamkeit bündelt**. In diesem konzentrierten Zustand wird der Suchende empfänglich für Bedeutungen, die sich nicht logisch, sondern symbolisch erschließen.

Besonders bedeutsam ist dabei die **Vermeidung des Profanen**: Die rituelle Sprache ist abgehoben vom Alltag. Sie folgt einer eigenen Ordnung, einem feierlichen Tonfall, der die Zeit gleichsam anhält und einen Raum jenseits der gewohnten Welt öffnet. Die Begriffe sind einfach – Licht, Dunkelheit, Wahrheit, Pflicht –, aber ihre Wiederholung in bestimmten Kontexten, begleitet von Zeichen, Bewegungen und symbolischen Gegenständen, lässt sie **mit neuer Tiefe** aufleuchten.

Diese sprachliche Struktur wirkt nicht durch Erklärung, sondern durch **Vergegenwärtigung**. Der Bruder erkennt in sich, was er hört – oder beginnt es zu erahnen. Die Sprache des

Rituals ist dabei kein belehrendes Werkzeug, sondern ein **magnetisches Feld**: Sie zieht die Seele in Bewegung, bringt Erinnerung zum Schwingen, weckt das, was längst im Innern angelegt war. Damit wird das Ritual zu mehr als einem Text: Es wird zu einer **sprechenden Wirklichkeit**, in der jedes Wort ein Tor ist – zu einer Welt, die nur die innere Stimme verstehen kann.

**Abschnitt 2: Der Tempelraum als Spiegel des Inneren**

Der rituelle Raum im Emulations-Ritus ist kein zufälliger Versammlungsort, sondern ein **symbolisches Abbild der inneren Welt**. Jeder Gegenstand, jede Stellung, jede Bewegung hat ihren Ort, ihr Maß, ihren Sinn. Diese präzise Anordnung erschafft eine Ordnung, die auf den ersten Blick äußerlich wirkt – doch in Wahrheit als **Spiegel der seelischen Verfasstheit** des Menschen zu lesen ist. Die Loge wird zur Bühne der Wandlung, der Mensch selbst zum Ort der Handlung.

Der Tempel ist dabei mehr als Architektur – er ist ein **energetisches Feld**, in dem sich Zeit und Raum verdichten. Das regelmäßige Ritual, das feierliche Öffnen und Schließen, das Schreiten in bestimmten Linien: all dies richtet nicht nur den äußeren Ablauf aus, sondern auch das **innere Erleben**. Der Bruder, der schweigend in der Loge Platz nimmt, verlässt die Welt der Zerstreuung. Er betritt einen Raum der Stille, der Sammlung, der Klarheit – und in dieser bewussten Ausrichtung beginnt ein innerer Prozess, der über Worte hinausgeht.

Im Emulations-Ritus geschieht dieser Übergang ohne Mystifikation: keine ekstatischen Momente, keine lauten Inszenierungen. Und gerade darin liegt die Kraft. Die Nüchternheit des Raumes, die Wiederholung der Handlungen, die Verlässlichkeit der Formen erzeugen ein Gefühl von Geborgenheit, das die **geistige Öffnung** erst ermöglicht. Der Tempel wird so zum Ort des Erinnerns – an das, was der Mensch ist, bevor er geworden ist. Und in dieser Erinnerung beginnt das eigentliche Werk: die bewusste Rückkehr zur Mitte, zur Ordnung, zur Wahrheit.

**Abschnitt 3: Symbolische Handlung und innere Wandlung**

Das Ritual des Emulations-Ritus erschöpft sich nicht in der Wiederholung heiliger Formen – es zielt auf eine **transsubjektive Verwandlung**, die nicht im Außen, sondern **im Innern des Bruders** geschieht. Die symbolischen Handlungen – das Schreiten, das Knien, das Empfangen von Werkzeugen, das Hören des Wortes, das Berühren des Altars – sind dabei keine bloßen Gesten, sondern **Träger seelischer Bewegung**. In ihnen geschieht ein Übergang von einer alltäglichen zu einer rituellen Existenzweise: Der Mensch handelt nicht mehr als Individuum, sondern als Teil einer höheren Ordnung.

Diese symbolischen Akte wirken auf mehreren Ebenen: körperlich, weil sie bewusst vollzogen werden; geistig, weil sie mit Bedeutung aufgeladen sind; und seelisch, weil sie ein inneres Erleben auslösen, das jenseits rationaler Erklärung liegt. Der Bruder wird nicht belehrt, sondern erfährt – und in dieser Erfahrung erkennt er sich selbst in neuer Tiefe. Er ist nicht mehr der, der er war, sondern einer, der gesehen hat, was hinter dem Sichtbaren liegt.

Besonders eindrucksvoll ist dies im Meistergrad, wenn der Bruder sich zum symbolischen Tod niederlegt – nicht als Schauspiel, sondern als existentielle Geste. Die Erhebung ist kein magischer Akt, sondern ein stilles Erkennen: dass das Ich, das gefallen ist, nicht das wahre Selbst war – und dass der Mensch fähig ist, **neu geboren zu werden**, nicht durch Willen, sondern durch Hingabe an das Symbol. Der Emulations-Ritus wird so zum Erfahrungsraum einer Wahrheit, die nicht erklärt, sondern **verwirklicht** werden will – Schritt für Schritt, Grad für Grad, Leben für Leben.

## Sektion 8: Der Emulations-Ritus als Weg der inneren Verwandlung
### Abschnitt 1: Kein Ziel, sondern ein Pfad

Der Emulations-Ritus versteht sich nicht als abgeschlossenes System, das dem Bruder eine endgültige Erkenntnis anbietet. Vielmehr eröffnet er einen **Weg**, dessen Wesen in der Bewegung, nicht im Ankommen liegt. Jeder Grad, jedes Zeichen, jede symbolische Handlung ist Teil einer **fortschreitenden Entfaltung**, die nicht in einem einmaligen Erlebnis gipfelt, sondern sich im stillen Wiederholen und Vertiefen verwirklicht. Der Lehrling wird Geselle, der Geselle Meister – doch auch der Meister bleibt ein Lernender.

Diese Dynamik entspricht einem lebendigen Verständnis von Spiritualität: Erkenntnis ist nicht Besitz, sondern Prozess. Was heute verstanden scheint, wird morgen in neuer Tiefe durchlebt. Der Ritus dient dabei nicht als Ziel, sondern als **Landkarte des Inneren**. Er weist auf Prinzipien, die der Bruder in sich selbst entdecken, prüfen und verwirklichen muss – mit Geduld, Demut und Vertrauen. Der Weg des Emulations-Ritus ist kein Triumphzug, sondern eine behutsame Wanderung hin zu einer Ordnung, die stets über das Sichtbare hinausreicht.

Die Rituale entfalten ihre Wirkkraft daher nicht im einmaligen Eindruck, sondern in der **stillen Wiederholung**. Jede Versammlung, jede Eröffnung, jede Erhebung wird zum Spiegel: für das, was im Bruder gewachsen ist, und für das, was noch verborgen ruht. So wächst der Mensch nicht durch äußeren Fortschritt, sondern durch **Verinnerlichung**. Und gerade in dieser bescheidenen Tiefe liegt die wahre Größe des Emulations-Ritus: Er verspricht nichts – und öffnet dem, der bereit ist, alles.

## Abschnitt 2: Vergleich mit anderen spirituellen Wegen

Im Lichte anderer spiritueller Traditionen zeigt sich die besondere Eigenart des Emulations-Ritus als Weg der **Einübung, nicht der Ekstase**. Wo mystische Schulen wie die christliche Mystik, der Sufismus oder der tantrische Buddhismus mit visionären Erfahrungen, ekstatischen Zuständen oder expressiven Formen arbeiten, bleibt der Emulations-Ritus **diszipliniert, leise, strukturiert**. Seine Kraft liegt nicht im außergewöhnlichen Erlebnis, sondern in der

Wiederholung des Wesentlichen – im Maß, in der Ordnung, im Symbol.

Der Ritus ähnelt hierin stark den klassischen Wegen der Selbsterziehung: dem stoischen Ideal, der pythagoreischen Schule, dem klösterlichen Tageslauf. Die Verwandlung geschieht nicht plötzlich, sondern **durch Gewöhnung an das Erhabene**. Der Tempel wird nicht in einem Tag erbaut, sondern Stein für Stein, Gedanken für Gedanken. Jeder symbolische Akt wirkt wie ein Tropfen – klein in sich, aber mächtig durch Dauer und Tiefe. Diese Langsamkeit ist keine Schwäche, sondern Methode: Sie verhindert Täuschung, verlangt Ernst, ermöglicht Reifung.

Auch im Vergleich zu anderen freimaurerischen Systemen – etwa dem opulenten Alten und Angenommenen Schottischen Ritus – wirkt der Emulations-Ritus fast asketisch. Doch gerade diese Zurückhaltung macht ihn zu einem **leisen Lehrer**. Er verlangt nichts als Aufmerksamkeit – und gibt nichts als das, was im Bruder selbst schon angelegt ist: Ordnung, Licht, Wahrheit. So steht er jenen Wegen nahe, die den Menschen nicht verändern wollen, sondern ihn zu dem machen, was er ist: **ein Baumeister am eigenen Inneren.**

### Abschnitt 3: Relevanz in der Gegenwart

In einer Zeit, die von äußerer Reizüberflutung, innerer Unruhe und wachsender Sinnleere geprägt ist, wirkt der Emulations-Ritus beinahe wie ein Anachronismus – **still, formstreng,**

**langsam**. Und doch liegt gerade darin seine unerwartete Relevanz. Denn was vielen Menschen heute fehlt, ist nicht Information, sondern Orientierung. Nicht Erlebnis, sondern Bedeutung. Nicht Technik, sondern Haltung. Der Emulations-Ritus bietet keine Antworten – aber er stellt **Fragen**, die der Mensch an sich selbst richten muss. Und er gibt Werkzeuge an die Hand, mit denen diese Fragen tragend werden können.

In seiner nüchternen Klarheit wirkt der Ritus wie ein **Gegenbild zur Fragmentierung der Moderne**: Er stellt eine Ordnung vor, die nicht auf Kontrolle, sondern auf Maß gegründet ist; eine Wahrheit, die nicht ideologisch, sondern erfahrbar ist; eine Gemeinschaft, die nicht auf Meinung, sondern auf Bindung durch symbolisches Handeln beruht. Wer heute eine Initiation durchläuft, erfährt nicht nur die Wiederholung alter Formen – sondern eine **Einübung in die Würde des Menschseins**, jenseits aller ideologischen oder religiösen Vorgaben.

Dabei bleibt der Emulations-Ritus offen: Er verpflichtet nicht zu einer Wahrheit, sondern zur Suche. Er verlangt nicht Dogma, sondern Gewissen. Er baut keine Mauern, sondern Tempel – **im Herzen dessen, der bereit ist, Stein auf Stein zu legen**, auch ohne je das ganze Bauwerk zu überblicken. In einer Welt, die sich selbst oft fremd geworden ist, öffnet dieser Ritus ein stilles Tor zu dem, was ewig menschlich bleibt: dem Wunsch nach Licht, nach Sinn, nach einem Weg, der tiefer führt als der Lärm des Tages. Und so ist er – gerade heute – von leiser, aber unerschütterlicher Bedeutung.

# Teil 4: Eine psychologische Analyse der drei Grade des Emulations-Ritus

## Sektion 1: Einleitung und psychologischer Rahmen

### Abschnitt 1: Zielsetzung der Analyse

Die vorliegende Untersuchung widmet sich der psychologischen Tiefenstruktur des Emulations-Ritus, wie er in den drei Graden der symbolischen Freimaurerei – Lehrling, Geselle, Meister – zum Ausdruck kommt. Ziel ist es, die rituellen Handlungen nicht bloß historisch oder symbolisch, sondern in ihrer **psychologischen Wirkung auf das Individuum** zu deuten. Dabei geht es nicht um eine Entzauberung, sondern im Gegenteil: um ein **Verständnis der inneren Prozesse**, die durch das Ritual ausgelöst, begleitet und idealerweise integriert werden.

Freimaurerei wirkt – wie alle Initiationssysteme – auf mehreren Ebenen:

- *sozial* (Einbindung in eine Bruderschaft),
- *kognitiv* (Vermittlung von Welt- und Menschenbildern),
- *symbolisch* (Begegnung mit archetypischen Strukturen),
- und *psychodynamisch* (Transformation von Selbst- und Weltverhältnis).

Diese Analyse will vor allem letzteren Aspekt freilegen: **Wie beeinflusst das maurerische Ritual die seelische**

**Entwicklung des Einzelnen?** Welche inneren Prozesse werden durch die Symbolhandlungen initiiert? Und welche Entwicklungsaufgaben spiegelt jeder Grad im Leben des Menschen wider?

Um diesen Fragen gerecht zu werden, stützt sich die folgende Analyse auf psychologische Modelle aus verschiedenen Richtungen:

- die **Analytische Psychologie Carl Gustav Jungs** (Archetypen, Individuation, Schattenarbeit),
- die **Tiefenpsychologie Freuds** (Abwehr, Triebstruktur, symbolische Handlung),
- die **Humanistische Psychologie** (Selbstaktualisierung, Sinnsuche nach Frankl),
- sowie auf **ritualtheoretische Konzepte** (Van Gennep, Turner, Eliade).

Das Ritual wird dabei als das verstanden, was es in seinem Ursprung war: **ein psychischer Transitraum**, der die Wandlung des Menschen vorbereitet und vollzieht – nicht durch Belehrung, sondern durch **Erleben**.

**Abschnitt 2: Das Ritual als psychodynamischer Transitraum**

Freimaurerische Rituale gehören zur Gattung der initiatorischen Übergangsrituale, wie sie in allen Kulturen der Welt in unterschiedlichen Formen auftreten – sei es in Stammesgesellschaften, Religionen, Geheimschulen oder spirituellen Bewegungen. Der französische Ethnologe **Arnold van**

**Gennep** hat diesen Prozess in drei Phasen gegliedert: **Trennung**, **Schwellenzeit** und **Wiedereingliederung**. Der Emulations-Ritus folgt exakt diesem Schema – jedoch nicht im kulturellen, sondern im **innerpsychischen** Sinne.

◆ Die **Trennung** erfolgt im Zustand der „Dunkelheit", mit verbundenen Augen, Entkleidung, demütiger Haltung – eine Entidentifikation mit dem bisherigen Ich.

◆ Die **Schwellenzeit** wird durch die rituellen Prüfungen, Fragen, Gelöbnisse und symbolischen Akte (Dolch, Licht, Schritt) markiert. Sie ist eine Zwischenwelt, in der alte Sicherheiten aufgehoben und neue noch nicht gefestigt sind.

◆ Die **Wiedereingliederung** erfolgt mit dem Empfang von Licht, Zeichen, Griffen, Wort und der symbolischen Wiederaufnahme in den Kreis der Brüder – das „neue Selbst" tritt hervor.

In dieser Zwischenzeit entsteht ein **ritueller Raum**, der aus psychologischer Sicht eine doppelte Funktion hat:

● **Containerfunktion** (nach Wilfred Bion): Die Loge dient als geschützter Raum, in dem Affekte, Ängste und innere Wandlungsprozesse gehalten werden können, ohne ins Chaos zu kippen.

● **Spiegelungsfunktion** (nach Donald W. Winnicott): Die Rituale, Zeichen und Rollen ermöglichen dem Initianden, sich selbst in einer symbolischen Ordnung zu erleben, die sein inneres Wachstum stützt.

So verstanden ist das Ritual keine bloße Inszenierung, sondern ein **psychodynamischer Übergangsraum**, der auf unbewusste Prozesse wirkt: Regression, Reaktivierung früherer Konflikte, Projektion, aber auch Ich-Stärkung und Integration.

Indem die rituellen Handlungen körperlich, sprachlich, räumlich und emotional erlebt werden, werden sie im psychischen System des Initianden **nicht nur verstanden, sondern verkörpert**. Das ist der Schlüssel zur nachhaltigen Wirkung jedes echten Rituals: Es verändert nicht nur die Gedanken – **es verändert das Selbst**.

**Abschnitt 3: Der freimaurerische Initiationsweg als psychologische Entwicklung**

Der Weg durch die drei Grade des Emulations-Ritus kann als ein symbolischer Spiegel psychischer Entwicklung verstanden werden – vergleichbar mit einem **inneren Reifungsprozess**, der bestimmte Etappen des Menschseins in verdichteter Form inszeniert. Dabei steht nicht das lineare Alter im Vordergrund, sondern der **seelische Reifegrad**, der durch Erfahrung, Bewusstwerdung und Transformation wächst.

Aus entwicklungspsychologischer Sicht (z. B. nach Erik H. Erikson oder James Fowler) lassen sich drei zentrale Wachstumsstufen erkennen:

◆ **Der Lehrling** entspricht dem *Suchenden*, der sich von bisherigen Vorstellungen löst, seine Identität hinterfragt und Orientierung im symbolischen Raum sucht. Es ist die Phase des Empfangens, der Neugier und der Öffnung für das Unbekannte.

- **Der Geselle** repräsentiert den *Erfahrenden*, der aktiv mit der Welt in Kontakt tritt, Verantwortung übernimmt und durch Anwendung und Prüfung lernt. In dieser Phase treten Selbstständigkeit, Differenzierung und die Auseinandersetzung mit Grenzen in den Vordergrund.

- **Der Meister** schließlich verkörpert den *Erneuerten*, der sich nicht über Wissen oder Status, sondern über Hingabe, Opferbereitschaft und tiefere Einsicht definiert. Es ist die Reifestufe, in der das Ich bereit ist, sich selbst zu transzendieren – durch Konfrontation mit Verlust, Tod, aber auch durch Sinngebung und Wiedergeburt.

Diese drei Grade bilden in sich ein **psychologisches Initiationsdrama**:

- Die Geburt des rituellen Selbst (*Lehrling*)
- Die Reibung mit der Welt und sich selbst (*Geselle*)
- Der symbolische Tod und die Auferstehung zum eigentlichen Wesen (*Meister*)

Sie sind nicht nur auf den einmaligen Ritualvollzug beschränkt, sondern bilden ein **zyklisches Strukturmuster**, das im Leben immer wieder neu durchlaufen wird: in Krisen, Wandlungen, Berufung, Krankheit, Verlust und Reifung.

So betrachtet ist die Freimaurerei nicht bloß ein ethischer Bund, sondern – psychologisch gesprochen – **ein initiatorisches Schulungsmodell zur Strukturierung der Seele**.

## Sektion 2: Der Lehrlingsgrad
## Grundlegung des Ich

### Abschnitt 1: Dunkelheit und Entkleidung – der Rückzug in die Ursituation

Die Aufnahme in den Lehrlingsgrad beginnt mit einem symbolisch aufgeladenen Moment: Der Kandidat wird **von allen äußeren Attributen befreit** – metallfrei, halb entkleidet, barfuß, mit verbundenen Augen. Er wird zu einem „armen Kandidaten im Zustand der Dunkelheit", der auf Führung, Schutz und Sinnsuche angewiesen ist.

Aus psychologischer Sicht bedeutet dies einen **regressiven Schritt**: Das bewusste Ich zieht sich von seiner gewohnten Umwelt, seinen Rollen und seinem gesellschaftlichen Selbstverständnis zurück. Es entsteht eine Situation, die **an die frühe Kindheit erinnert**: Hilflosigkeit, Vertrauen in die Autorität anderer, Ausgeliefertsein und das Bedürfnis nach Führung.

Diese Rückkehr zur „Ursituation" ist nicht zufällig. Sie erzeugt eine **Entstrukturierung der bisherigen Ich-Konfiguration** und öffnet damit die Tür für tiefere seelische Prozesse:

7. Die **verbundene Augenbinde** symbolisiert nicht nur Unwissenheit, sondern erzeugt real eine temporäre Unterbrechung der Orientierung. Damit wird ein Zustand innerer Leere erreicht, der das Ich empfänglich macht für symbolische Prägung.

8. Die **körperliche Entblößung** (z. B. freie Brust, entblößter Fuß) verweist auf Verletzlichkeit, aber auch auf Wahrheit und Unmittelbarkeit – Aspekte, die zentral für jeden psychologischen Wandlungsprozess sind.

9. Die **Abgabe von Metall** (also symbolischem Besitz) ist eine bewusste Aufgabe von Machtmitteln und Kontrollsymbolen – vergleichbar mit dem therapeutischen Loslassen von Kompensation und Ich-Rüstung.

All dies dient einem einzigen Ziel: Der Mensch wird – ritualpsychologisch gesprochen – **auf Null zurückgesetzt**, damit das neue Ich nicht auf dem Fundament des alten errichtet wird, sondern auf einer tieferen seelischen Wahrheit. In diesem Moment des „Nichtwissens" beginnt der rituelle Weg.

**Abschnitt 2: Der Eid als symbolische Selbstbindung**

Im Zentrum der Aufnahme in den Lehrlingsgrad steht das **feierliche Gelöbnis**, das der Kandidat kniend, mit entblößter Brust, der Hand auf dem Buch des Heiligen Gesetzes und dem Zirkel an seinem Herzen ablegt. Diese Szene ist nicht nur rituell bedeutsam – sie markiert einen tiefen psychodynamischen Übergang: **Die bewusste Bindung des Ich an ein höheres Prinzip.**

Psychologisch gesprochen handelt es sich um einen Akt der **Selbstverpflichtung gegenüber dem eigenen Idealbild.** Der Eid wirkt nicht durch äußere Sanktion, sondern durch die symbolische Setzung eines inneren Gesetzes: Von nun an ist das Ich nicht mehr nur sich selbst verpflichtet, sondern einem höheren Wert, einer Idee, einem Bund.

Folgende psychologische Aspekte treten dabei hervor:

- **Körperhaltung und Symbolik:** Das Knien signalisiert Demut, aber auch Entschlossenheit. Die rechte Hand auf dem Buch des Gesetzes verbindet Handlung (Hand) mit Wahrheit (Schrift), während der Zirkel auf der Brust die Ausrichtung des Inneren symbolisiert. Diese Körperinszenierung wirkt auch unbewusst: Sie verankert das Gelöbnis somatisch im Gedächtnis.

- **Sprache des Eides:** Die Formeln des Emulations-Ritus vermeiden juristische Detailflucht und appellieren stattdessen an Ehre, Wahrheit und Unversehrtheit. Der

Kandidat gelobt, nichts preiszugeben, was ihm anvertraut wurde – nicht aus Angst, sondern aus Selbstachtung. Dies ist ein **Akt der Ich-Stärkung durch Verzicht**: Das Schweigen wird zur Tugend.

- **Folge des Bruchs:** Die ritualisierte Drohung des Verlustes von „Würde" und „Aufnahmewürdigkeit" bei Eidbruch verweist auf den psychologischen Preis der Selbstverleugnung. Wer gegen seinen eigenen Schwur handelt, zerstört nicht nur ein äußeres Band – sondern spaltet sich innerlich. Der Eid markiert somit einen Punkt der inneren Wahrheit.

In seiner Tiefe entspricht der Eid im Lehrlingsgrad dem, was Psychologen als **Initialbindung des Ich an ein ethisches Über-Ich** beschreiben: eine freiwillige, symbolisch vermittelte Orientierung an einem inneren Maßstab, der jenseits von äußeren Geboten existiert. Der Lehrling wird dadurch nicht unterworfen – sondern **befreit zu einer neuen Verantwortung**.

**Abschnitt 3: Das Licht und die Geburt des rituellen Selbst**

Der zentrale Wendepunkt in der Aufnahme des Lehrlings ist der Moment, in dem dem Kandidaten das Licht gegeben wird. Auf die Frage „Was ist das vorherrschende Verlangen Ihres Herzens?" antwortet er: **„Licht"** – ein Wort, das in ritueller, spiritueller und psychologischer Hinsicht von größter Bedeutung ist. Denn mit dem Licht beginnt die Geburt eines **neuen Selbstbildes** – nicht mehr passiv, sondern sehend, teilhabend, bewusst.

Dieser Vorgang kann als psychologischer *Initiationsmoment* interpretiert werden, der drei eng verknüpfte Prozesse in Gang setzt:

- **Sinnliche Reorientierung:**
  Die Augenbinde fällt – die Dunkelheit weicht dem Licht. Dies ist nicht nur ein visueller, sondern ein symbolischer Akt: Das Selbst tritt aus dem Zustand der Unbewusstheit in ein erstes Bewusstsein. Die plötzliche Helligkeit ist ein Reiz, der im Gedächtnis verankert bleibt – vergleichbar mit einem psychologischen „Erweckungserlebnis".

- **Wertsetzung durch symbolische Lichter:**
  Unmittelbar nach dem Lichtempfang wird der Blick des neuen Bruders auf die drei großen Lichter gelenkt: das Heilige Gesetz, das Winkelmaß, den Zirkel. Diese sind nicht nur Symbole – sie sind **Werte in ritueller Gestalt**: Glaube, Handlung, Maß. In ihrer Kombination formen sie die innere Ethik des rituellen Selbst.

- **Einführung in die Sprache des Bundes:**
  Mit dem Licht erhält der Lehrling das **Zeichen, den Griff und das Wort**. Diese drei Elemente bilden eine neue Sprache, die nicht rational vermittelt wird, sondern **verkörpert**: im Körper, in der Hand, im Wort. Sie schaffen Identität und Zugehörigkeit – ohne Erklärungen, sondern durch rituelles Tun.

Der Augenblick des Lichtempfangs markiert somit die **Initiation in ein neues Selbstverständnis**: Der Mensch wird nicht nur in eine Gemeinschaft aufgenommen, sondern in eine Ordnung, die außerhalb seiner selbst liegt – und ihn doch durchdringt. Aus psychologischer Sicht ist dies der Moment, in dem sich das Ich **mit einem symbolischen Sinnraum** verbindet, der ihm Orientierung und Halt gibt.

In diesem Sinne ist die Lichtgabe der eigentliche Beginn der freimaurerischen Arbeit am Selbst: Nicht Wissen steht am Anfang – **sondern das Sehen**.

# Sektion 3: Der Lehrlingsgrad
# Symbolik der Werkzeuge und der Pflicht

**Abschnitt 1: Die maurerischen Werkzeuge als psychische Funktionen**

Im Anschluss an das Licht und die erste symbolische Orientierung wird dem neu aufgenommenen Bruder im Lehrlingsgrad eine Reihe von **Werkzeugen** übergeben: das Maß von 24 Zoll, der Hammer (Rohhammer) und der Meißel. In der operativen Freimaurerei dienten diese Werkzeuge zur Bearbeitung des Steins; im spekulativen Kontext stehen sie für die **Bearbeitung des Selbst**. Psychologisch betrachtet sind sie Projektionen von inneren Funktionen und Entwicklungsaufgaben.

◆ **Das Maß (24-Zoll-Regel)** symbolisiert die Fähigkeit zur **Strukturierung der Zeit und der Lebensführung**. Es steht für Ordnung, Disziplin, Selbstmanagement – jene Ich-Funktion, die den Tag gliedert und Chaos in Rhythmus verwandelt. Die Einteilung des Tages in Andacht, Arbeit und Wohltätigkeit verweist auf die psychische Notwendigkeit von **Ausgewogenheit** – ein Gleichgewicht zwischen innerem und äußerem Leben.

◆ **Der Hammer (Rohhammer)** repräsentiert die Kraft des Gewissens und des Willens. Er steht für die Fähigkeit, „überstehende Knollen" – also Triebimpulse, Affekte, unreflektierte Automatismen – **abzuschlagen**, zu korrigieren, zu formen. In der Tiefenpsychologie entspricht dies der Ich-Funktion der **Affektkontrolle**.

314

Der Hammer ist das Werkzeug der bewussten Bearbeitung unvollkommener innerer Muster.

◆ **Der Meißel** ergänzt den Hammer durch Präzision und Ausrichtung. Während der Hammer für rohe Energie steht, symbolisiert der Meißel die Fähigkeit zur **feinen Unterscheidung**, zur geduldigen Formung. Er ist das Werkzeug des Lernens, der Reflexion, der **Selbstkritik und Kognition**. In ihm lebt der Geist des Maßes, der das Ungeformte in Gestalt bringt.

Gemeinsam bilden diese drei Werkzeuge ein symbolisches Ensemble innerer Reifung. Ihre Übergabe an den Lehrling markiert psychologisch einen Wendepunkt: Er wird nicht länger nur **Empfänger des Lichts**, sondern nun auch **Handwerker seiner eigenen Entwicklung**.

Die freimaurerische Lehre sagt nicht: „So bist du." Sondern: „**Hier ist dein Werkzeug. Arbeite.**"

**Abschnitt 2: Die Schürze als Symbol der Reinheit und Selbstachtung**

Im Verlauf des Lehrlingsrituals wird dem Kandidaten die **weiße Schürze** verliehen – das „kennzeichnende Abzeichen eines Freimaurers". Sie wird nicht als bloßes Kleidungsstück, sondern als ein bedeutungsvolles Symbol eingeführt, das älter sei „als das Goldene Vlies oder der Römische Adler". Psychologisch gesehen handelt es sich um ein **externes**

**Symbol für einen inneren Zustand**: die beginnende Reinheit und die bewusste Entscheidung zur Selbstzucht.

- **Weiß als Farbe der Unberührtheit** steht in der Symbolsprache für Unschuld, Aufrichtigkeit und geistige Leere, die sich füllen darf. Im psychischen Sinn verweist es auf ein Selbst, das sich – gereinigt von Trugbildern und Eitelkeit – dem Ideal verschreibt. Die weiße Schürze ist so betrachtet ein **Spiegel des Vorsatzes**, ein sichtbares Zeichen für das unsichtbare Gelöbnis.

- Die **Schürze bedeckt den Schoß,** jenen Teil des Körpers, der für Triebhaftigkeit, Begehren und Instinkt steht. Indem sie diesen Bereich bedeckt, wirkt sie – symbolisch – als psychische **Regulationsinstanz zwischen Trieb und Handlung**. Sie schützt den inneren Kern und erinnert den Träger daran, dass wahres Handeln nicht aus Impuls, sondern aus bewusstem Willen erfolgen soll.

- In ihrer ritualisierten Überreichung wird sie als „Abzeichen der Unschuld und Band der Freundschaft" bezeichnet. Dies weist auf zwei wichtige psychologische Felder hin:

  ○ Erstens die **Integrität des Selbst**: die Schürze erinnert an die ursprüngliche Reinheit, die bewahrt werden soll, auch im Kontakt mit der Welt.
  ○ Zweitens die **Bindung an die Gemeinschaft**: die Schürze als „Band" symbolisiert Zugehörig-

keit, Verantwortung und Verbundenheit mit anderen – ohne Hierarchie, allein durch gemeinsame Verpflichtung.

Die symbolische Geste, mit der Brüder auf ihre Schürzen schlagen, nachdem dem Lehrling seine übergeben wurde, ist ein rituelles Versprechen:
**Wenn du sie nie entweihst – wird sie dich nie entehrend zurücklassen.**

In psychologischer Hinsicht bedeutet dies:
Die Schürze ist kein Statussymbol. Sie ist ein innerer Maßstab – getragen **nicht vor den Augen der anderen, sondern vor dem Blick des eigenen Gewissens.**

**Abschnitt 3: Ordnung, Disziplin und die Geburt des moralischen Ich**

Neben den Werkzeugen und der Schürze ist ein zentrales Thema des Lehrlingsgrades die **innere Ordnung** – symbolisch verkörpert durch den Schritt, das Zeichen und die Einweisung in den Aufbau der Loge. Diese Elemente dienen nicht nur der rituellen Strukturierung, sondern spiegeln eine **psychische Grundaufgabe der Persönlichkeitsentwicklung**: die Errichtung eines stabilen inneren Ordnungsprinzips.

- Der **rituelle Schritt** des Lehrlings – stets mit dem linken Fuß beginnend, im rechten Winkel – symbolisiert die bewusste Ausrichtung jeder Bewegung. Aus psychologischer Sicht steht dies für den Willen zur

**Selbstführung**: das Verhalten wird nicht impulsiv, sondern nach inneren Maßgaben ausgerichtet. Der rechte Winkel verweist auf Gerechtigkeit, Standhaftigkeit und Klarheit – archetypische Elemente eines wachsenden Ichs.

◆ Das **Zeichen des Lehrlings**, bei dem die Hand an die Kehle geführt und dann fallengelassen wird, deutet symbolisch auf Verschwiegenheit – aber auch auf die Bereitschaft zur Selbstbegrenzung. Es erinnert daran, dass wahre Stärke nicht in der Entgrenzung liegt, sondern in der Fähigkeit zur **inneren Mäßigung** und zur Achtung des Geheimnisses.

◆ Der **Aufbau der Loge** – mit ihren drei Hauptbeamten (Meister, Erster und Zweiter Aufseher), ihren drei kleinen und drei großen Lichtern, ihren Säulen, Teppichen und Orientierungen – ist keine bloße Raumordnung, sondern ein **Sinnbild des geordneten Bewusstseins**. Der Bruder lernt, sich im Raum zurechtzufinden – nicht nur körperlich, sondern seelisch. Die Loge ist ein Modell der Welt – aber auch ein Spiegel der inneren Struktur des Menschen.

In der psychologischen Entwicklung ist diese Phase vergleichbar mit der **Konstituierung des moralischen Ichs**: jenes Teils der Persönlichkeit, der nicht auf Belohnung oder Angst reagiert, sondern auf innere Überzeugung. Der Lehrling beginnt, nach einem inneren Maß zu leben. Die Welt der Instinkte (Dunkelheit), der äußeren Vorgaben (Blut, Besitz, Geltung) wird abgelöst von einer Welt der **inneren Ver-**

pflichtung, symbolischen Orientierung und verantwort-
lichen Selbstausrichtung.

Die Frage „Wie lebt man richtig?" wird im Lehrlingsgrad nicht
beantwortet. Aber sie wird gestellt – und das Ich beginnt, sich
darauf einzustellen.

# Sektion 4: Der Gesellengrad
# Differenzierung und Erkenntnis

### Abschnitt 1: Der symbolische Aufstieg – die Treppe zur inneren Reife

Mit dem Übergang vom Lehrling zum Gesellen beginnt ein
neuer Abschnitt auf dem initiatorischen Pfad: Die Phase der
passiven Aufnahme wird abgelöst durch eine **aktive
Auseinandersetzung mit Welt und Wissen.** Der Gesellengrad
symbolisiert den Menschen, der sich aufmacht, seinen Platz im
Leben zu finden – nicht mehr als Suchender im Dunkeln,
sondern als Wanderer, der bewusst den Aufstieg wagt.

Zentrales Sinnbild dieser Phase ist die **symbolische Treppe**,
bestehend aus drei, fünf und sieben Stufen. Jede Stufe steht für
eine Dimension psychischer Differenzierung:

- **Drei Stufen:** Die drei Hauptbeamten – Meister, Erster
und Zweiter Aufseher – symbolisieren Instanzbildung,
also das Bewusstsein für Führung, Kontrolle und
Balance. Psychologisch entspricht dies der **inneren
Triangulierung des Selbst**: zwischen Wille (Meister),

Prüfung (Erster Aufseher) und Ermahnung (Zweiter Aufseher). Das Ich erkennt, dass es nicht allein herrscht, sondern sich in ein System von Beziehungen einfügen muss – innen wie außen.

- **Fünf Stufen:** Die fünf Sinne – Sehen, Hören, Fühlen, Riechen, Schmecken – stehen für die **Erweiterung des Bewusstseins durch Erfahrung.** Während der Lehrling blind war, öffnet der Geselle die Augen für die Welt. Er erkennt: Erkenntnis ist nicht geistige Abstraktion, sondern sinnliche Teilnahme. Die Welt spricht, und der Geselle lernt zu hören.

- **Sieben Stufen:** Die sieben freien Künste – Grammatik, Rhetorik, Logik, Arithmetik, Geometrie, Musik und Astronomie – repräsentieren die **systematische Ausbildung des Verstandes.** Der Geselle wird aufgefordert, zu denken, zu ordnen, zu verstehen. Der Geist ist kein Ornament, sondern ein Werkzeug – zur Selbsterkenntnis und zur Gestaltung der Welt.

Die symbolische Treppe ist also kein bloßes Ornament, sondern ein **psychodynamisches Bild des inneren Aufstiegs.** Sie fordert zur Integration von Empfindung, Beziehung und Geist auf – in einem Prozess, der nicht statisch ist, sondern lebendig und stetig im Werden.

Der Gesellengrad konfrontiert das Ich mit der Frage: **„Was tust du mit dem, was dir gegeben wurde?"** Die Antwort liegt nicht in Worten – sondern im Tun.

**Abschnitt 2: Die Welt als Spiegel – Selbstprüfung im Symbolraum**

Der Geselle tritt in eine Phase ein, in der das eigene Ich nicht mehr nur geformt, sondern **überprüft und gespiegelt** wird. Während der Lehrling Schutz und Struktur sucht, bewegt sich der Geselle nun durch eine Welt der Anforderungen, Prüfungen und neuen Maßstäbe. Die freimaurerische Symbolik verwandelt sich entsprechend: von Geborgenheit in Bewegung, von Ordnung in Erprobung.

Zentrale Bedeutung hat hierbei der **Kammergang** – die symbolische Reise zur „Mittleren Kammer", dem Ort des inneren Lohns. Diese Kammer steht nicht offen, sie muss gefunden, erarbeitet, verdient werden. Psychologisch bedeutet das:
**Der Sinn wird nicht empfangen – er wird errungen.**

- **Der Gang durch die Säulen** (Jachin und Boas) verweist auf die Konfrontation mit Polaritäten: Stärke und Festigkeit, Handlung und Maß, Prinzip und Vertrauen. Der Geselle muss zwischen den Polen balancieren lernen – nicht indem er sie aufhebt, sondern indem er sich ihrer Spannung stellt.

- **Der versagte Lohn** (im Sinne der symbolischen Frage „Womit haben Sie Anspruch erworben?") verweist auf die Erkenntnis, dass **nicht alle Arbeit sofortige Belohnung bringt**. Der Geselle lernt, mit Frustration, mit Enttäuschung und mit dem Verzicht auf äußere Anerkennung umzugehen. Dies ist ein entscheidender

Schritt der psychischen Reifung: das Entwickeln einer **inneren Lohnstruktur** – des Stolzes auf das Geleistete, auch wenn niemand klatscht.

- **Die symbolische Sprache des Grades** wird komplexer, weniger eindeutig. Wo im Lehrlingsgrad klare Polaritäten (Dunkelheit–Licht, Unschuld–Verpflichtung) herrschten, begegnet der Geselle nun Ambivalenz, Uneindeutigkeit, Mehrdeutigkeit. Dies entspricht einer **höheren Bewusstseinsstufe**, in der das Ich lernt, Spannungen auszuhalten und tiefer zu deuten.

So wird der Geselle zum **psychologischen Wanderer**: Er zieht durch die Welt, nicht um sie zu beherrschen, sondern um sich in ihr zu erkennen. Die Welt wird zum Spiegel, zur Bühne, zum Prüfstein – ein Resonanzraum für das, was im Innern Gestalt annimmt.

Die Fragen des Grades sind dabei nicht rhetorisch – sie sind seelisch:
**Was hörst du? Was siehst du? Was bedeutet es?**
Antworten gibt es keine fertigen. Nur Hinweise. Und Wegmarken.

**Abschnitt 3: Verantwortung, Arbeit und das entstehende Selbstbild**

Im Gesellengrad tritt der Bruder aus dem Schutzraum der Lehrzeit heraus und wird symbolisch zum **selbstständig tätigen Menschen**. Nicht mehr Belehrung steht im Zentrum, sondern Verantwortung: für sein Tun, sein Lernen, sein Verhalten. Psychologisch entspricht dieser Übergang dem Eintritt in das **reife Ich-Bewusstsein** – einem Stadium, in dem nicht mehr nur von außen geführt, sondern von innen heraus entschieden wird.

Zentral in dieser Phase ist der Begriff der **Arbeit** – nicht als Last, sondern als Ausdruck der persönlichen Würde:

- ◆ Die Arbeit des Gesellen ist **sinnstiftend**. Er baut mit – an einem Werk, das größer ist als er selbst. Die Vorstellung vom „Tempelbau" wird zur Metapher für die Mitgestaltung der Welt. Dies entspricht dem Übergang vom narzisstischen zum generativen Ich: Die Frage „Was bringt es mir?" weicht der Frage „Was kann ich  geben?".

- ◆ **Verantwortung** zeigt sich in der Bereitschaft zur Weiterentwicklung – nicht nur intellektuell, sondern ethisch. Der Geselle wird konfrontiert mit der Notwendigkeit, zu wählen: zwischen Wahrheit und Lüge, zwischen Pflicht und Bequemlichkeit. Das Ich lernt, **Entscheidungen zu tragen**, auch wenn sie kosten.

- ◆ Das **Selbstbild des Gesellen** ist kein statisches mehr. Es ist im Fluss, im Werden, im Zweifel – aber auch im Wachstum. Der Geselle erkennt, dass die Loge nicht mehr nur Ort der Belehrung, sondern **Ort der Selbstbegegnung** ist. Die Symbole sprechen nicht von außen zu ihm – sie sprechen aus ihm selbst.

323

Das Ideal des Gesellen ist der **integrierte Mensch**: einer, der denkt und fühlt, erkennt und handelt, weiß und dennoch fragt. Die Differenzierung – das große Thema dieses Grades – führt nicht zur Vereinzelung, sondern zur Reife. Es entsteht ein Selbst, das in Beziehung tritt, ohne sich aufzugeben – das arbeitet, ohne sich zu verlieren – das dient, ohne sich zu erniedrigen.

Am Ende dieses Grades steht keine Krönung, sondern eine Schwelle:
Die Ahnung, dass unter allem Tun noch etwas Tieferes liegt – **das Geheimnis des Meisters.**

## Sektion 5: Der Gesellengrad
## Schattenarbeit und geistige Reifung

### Abschnitt 1: Die Schwelle zur Mitte – das Tor zur inneren Kammer

Der Gesellengrad stellt nicht nur eine Phase des Lernens und Erkennens dar – er bereitet auch auf eine **Wende nach innen** vor. Während die äußere Welt durch Sinneserfahrung, Werkzeuge und Bewegung erfasst wurde, kündigt sich nun eine andere Bewegung an: **der Abstieg zur inneren Kammer**, das Symbol für die Mitte des Menschen, sein verborgenes Zentrum.

In der Freimaurerei ist die „Mittlere Kammer" ein heiliger Ort – **nicht öffentlich, nicht profan, nicht erklärbar.** Sie kann nur betreten werden durch den, der sich als würdig erweist:

durch Maß, Mäßigung, Erkenntnis und Demut. Psychologisch gesprochen handelt es sich um die **Einleitung zur Schattenarbeit**.

- Die äußeren Schritte sind getan – nun beginnt der **Weg in die Tiefenschichten des Selbst**. Das Ich, das bislang differenziert und strukturiert wurde, begegnet nun seinen verborgenen Anteilen: ungeliebten Eigenschaften, verdrängten Impulsen, unbewussten Motivationen.

- Die **symbolische Dunkelheit** kehrt zurück – nicht als Mangel, sondern als Schwelle. Wer glaubt, mit Licht allein auskomme, wird hier ins Irrtum geführt. Die geistige Reifung beginnt mit dem Anerkennen dessen, **was im Schatten liegt**: Zweifel, Versagen, Stolz, Angst, Neid – aber auch ungenutztes Potenzial.

- Der Zugang zur inneren Kammer erfordert **Selbstprüfung** – aber nicht im moralischen Sinn, sondern im tiefenpsychologischen: Bin ich bereit, mir selbst zu begegnen – auch in jenen Teilen, die ich nicht kontrolliere, nicht verstehe, vielleicht sogar ablehne?

Die symbolische Treppe, die der Geselle bereits beschritt, war nur der Anfang. Nun beginnt der Abstieg in eine andere Richtung – nicht nach oben, sondern **nach innen**. Und das Ziel ist kein Ort, sondern ein Zustand:
**Gegenwart mit sich selbst – ohne Maske, ohne Licht, ohne Urteil.**

In dieser inneren Kammer entscheidet sich, ob der Geselle bereit ist, den nächsten Schritt zu gehen – nicht nur als Funktionsträger, sondern als Mensch auf dem Weg zur Meisterschaft.

**Abschnitt 2: Die Konfrontation mit Ambivalenz – Lernen im Spannungsfeld**

Je tiefer der Geselle in den symbolischen Raum der Freimaurerei vordringt, desto weniger genügen einfache Wahrheiten. Das Ritual konfrontiert ihn zunehmend mit **Mehrdeutigkeit**, mit Symbolen, die sich widersprechen, mit Anforderungen, die nicht vollständig erfüllbar sind. Dies ist kein Fehler, sondern ein bewusster Entwicklungsschritt: Das Ich muss lernen, **Ambivalenz zu tragen** – ohne Ausweichen, ohne Verdrängung.

- Die symbolische Welt des Gesellen ist **kein dualistisches System** mehr wie im Lehrlingsgrad („Dunkelheit – Licht", „Unschuld – Pflicht"), sondern ein dynamisches Spannungsfeld:

    o Erkenntnis kann zur Überheblichkeit führen.
    o Pflicht kann zur Starre werden.
    o Arbeit kann entfremden oder erlösen.
    Der Geselle steht zwischen den Polen – und ist aufgerufen, **bewusst dazwischen zu stehen.**
- Diese Konfrontation erzeugt einen psychologischen Druck: Das Ich ist gezwungen, **Widersprüche auszuhalten, ohne vorschnelle Lösungen zu erzwingen.** Dies entspricht der klassischen Schatten-

arbeit in der jungianischen Psychologie: Der Schatten tritt nicht als Feind auf, sondern als **Ergänzung**. Das Einseitige wird aufgebrochen – zugunsten von Integration.

- Die Rituale selbst helfen, diese Ambivalenz zu tragen: durch **Wiederholung**, **Form**, **Geste**, **Zeichen**. Sie bilden einen sicheren Rahmen, in dem das Unsichere auftreten darf. Die äußere Struktur erlaubt dem Inneren, sich zu zeigen. Genau darin liegt die **ritualpsychologische Kraft des Emulations-Ritus**: Er erzeugt Spannung, aber er trägt sie auch.

Der Geselle lernt, dass Reife nicht bedeutet, „Recht zu haben", sondern **fähig zu sein, Gegensätze als Teil eines größeren Ganzen zu begreifen**. Die Welt ist nicht sauber geordnet – und das Selbst auch nicht. Aber inmitten dieser Komplexität entsteht etwas Neues: **eine tragfähige Mitte**, die nicht aus Sicherheit, sondern aus Klarheit geboren ist.

Dies ist der Prüfstein:
Nicht, ob der Geselle alles weiß.
Sondern, ob er **weiß, dass er nicht alles weiß – und dennoch weiterarbeitet**.

## Abschnitt 3: Die Reifung des inneren Maßes – Vom Außen zum Innen

In der abschließenden Phase des Gesellengrads beginnt ein leiser, aber entscheidender Wandel: Der Bruder richtet sich **nicht mehr primär an äußeren Maßstäben aus**, sondern beginnt, aus einem **inneren Maß** heraus zu handeln. Was zuvor durch Regeln, Anweisungen, Diakone und Fragen strukturiert war, beginnt nun, **im Selbst verankert zu sein.** Dieser Übergang ist psychologisch tiefgreifend – er markiert den Beginn wahrer Autonomie.

- Das äußere Maß – das Maßband, die Ordnung der Loge, die Geometrie des Rituals – hat seinen Dienst getan. Es hat das Ich gegliedert, orientiert, geformt. Nun aber geht es darum, das Maß **ins Innere zu verlagern:** Die Frage lautet nicht mehr „Was ist erlaubt?", sondern: **„Was ist stimmig, wahr, notwendig – für mich und das Ganze?"**

- Dieses innere Maß ist kein abstrakter Begriff. Es entsteht aus gelebter Erfahrung, aus Irrtum, Korrektur, Arbeit. Es wächst in Stille. Es ist **nicht dogmatisch,** sondern prüfend, achtsam, differenziert. In der Psychologie spricht man von einem reifen Gewissen, das **nicht von Angst getrieben**, sondern von Einsicht getragen ist.

- Die freimaurerische Arbeit wird damit zu einer inneren Praxis: Die Welt wird zum Tempel, die Arbeit zum Werkzeug, das Selbst zum Baustein. Der Geselle begreift: **Seine Aufgabe liegt nicht mehr in der Nach-**

**ahmung**, sondern in der schöpferischen Mitwirkung. Er beginnt, das Erlernte **anzuwenden**, nicht mechanisch, sondern lebendig.

In dieser Reifung liegt die Vorbereitung auf den nächsten Schritt – die Konfrontation mit dem, was über das Ich hinausweist: Vergänglichkeit, Verlust, Tod, Sinn. Doch bevor der Mensch diese Schwelle betritt, muss er **ein tragendes Selbst errichtet haben**, ein Fundament, auf dem der Tempel der Seele stehen kann.

Der Geselle verlässt diesen Grad nicht als Vollender, sondern als Erwachsener –
bereit, **Verantwortung zu tragen, Schatten zu sehen, Maß zu halten**.
Das Ich ist nicht mehr nur Schüler.
Es ist **Handwerker geworden** – mit Herz, Verstand und Gewissen.

## Sektion 6: Der Meistergrad
## Konfrontation mit Tod und Transformation

### Abschnitt 1: Die Hiram-Legende als seelisches Sterbedrama

Mit dem Meistergrad betritt der Freimaurer die symbolische Schwelle des Todes. Er erlebt nicht mehr Belehrung, nicht mehr Arbeit, nicht mehr Wanderschaft – sondern einen rituellen Tod: **den Untergang des alten Ichs, damit ein neues geboren werde**. Der Mittelpunkt dieses Grades ist die Hiram-Legende –

die Geschichte des Baumeisters, der das Wort nicht verrät, verfolgt, erschlagen und schließlich wieder erhoben wird.

Aus psychologischer Sicht handelt es sich hierbei um ein archetypisches **Sterbe- und Wiedergeburtsritual**, vergleichbar mit Mythen wie Osiris, Dionysos oder Christus. Im Zentrum steht nicht die äußere Handlung, sondern eine **innere Transformation**:

◆ **Hiram als Spiegel des Selbst:** Hiram verkörpert das idealisierte, schöpferische, schweigende Selbst – den Teil des Menschen, der treu bleibt, auch unter Druck. Der Mord an Hiram ist die symbolische **Zerstörung des bisherigen Ichs**, das nicht mehr genügt, das zu eng, zu stolz, zu begrenzt war. In der rituellen Erhebung stirbt nicht der Körper, sondern das Selbstbild.

◆ **Der Dreifachmord** an Hiram – durch die drei unvollkommenen Gesellen – kann psychologisch als Bild für **innere destruktive Kräfte** gelesen werden: Unwissenheit, Fanatismus und Eigennutz. Diese Aspekte bedrohen jeden inneren Fortschritt – sie lauern im Schatten und greifen das aufsteigende Selbst an. Der Meistergrad zwingt zur **Erkenntnis der eigenen inneren Saboteure**.

◆ **Die Grabesruhe** – das Vergraben, das Vergessen, das Verstummen – entspricht der psychischen Phase der **Desorientierung, Regression, Trauer**. Es ist die Nacht der Seele, in der nichts funktioniert, in der kein Wort gesprochen wird, in der das alte Maß versagt hat. Die

Brüder im Ritual suchen Hiram – wie das Ich nach sich selbst – und finden zunächst nichts als Leere.

Diese rituelle Inszenierung entspricht exakt dem psychologischen Modell der **Krise als Voraussetzung für Wandel**. Nur wer loslässt, kann empfangen. Nur wer stirbt, kann leben. Der Meistergrad zeigt, dass echte Transformation nicht durch Einsicht geschieht – sondern durch Erfahrung: **durch das Erleben von Endlichkeit, Scheitern und Aufgabe**.

Es ist kein Spiel.
Es ist ein Drama – und es ist real im Inneren des Menschen.
Und erst nach dem Tod – beginnt die Suche nach dem, was bleibt.

**Abschnitt 2: Der Griff des Meisters – Symbol der Wiedererweckung**

Die Hiram-Legende kulminiert in einem Akt, der zu den eindrucksvollsten rituellen Gesten der Freimaurerei gehört: Der Meister wird **nicht durch Gewalt, sondern durch den „Löwengriff"** – das Zeichen brüderlicher Kraft, Erkenntnis und innerer Treue – aus dem symbolischen Tod erhoben. Dies ist kein äußeres Spektakel, sondern ein tiefes psychologisches Bild für die **innere Wiederbelebung des wahren Selbst**.

- Der **Fehlschlag des Lehrlings- und Gesellengriffs** verweist darauf, dass das alte Wissen, die bisherigen Kräfte, die erlernten Muster nicht mehr ausreichen. Weder kindlicher Gehorsam (Lehrling) noch aktives

Streben (Geselle) können den Menschen aus der Tiefe heben. Nur ein neues Prinzip ist fähig: **eine Geste des Mitgefühls, der Würde, der Erinnerung an das Ursprüngliche.**

- Der **Meistergriff** ist kein mechanischer Akt – er steht symbolisch für eine neue psychische Verbindung: das Aufrichten durch eine innere Instanz, die **nicht mehr an das Ego gebunden ist**, sondern an ein transpersonales Prinzip: Wahrheit, Würde, Geist. Der Griff hebt nicht nur den Körper – er hebt den Menschen zurück in seine Mitte.

- In der psychologischen Tiefe verweist dieser Moment auf das, was C. G. Jung die **Selbstwerdung** nennt: das Wiederfinden eines seelischen Kerns, der unzerstörbar ist. Der Mensch, der gefallen ist, kann nicht mit den Mitteln des alten Selbst wiederhergestellt werden – er muss **aus einer tieferen Quelle** neu ins Leben treten.

Der Bruder wird durch diesen Akt **nicht zum Helden**, sondern zum Wissenden: Er weiß, was zerbrechen kann – und was bleibt. Er weiß, dass das Ich nicht die letzte Instanz ist. Und er weiß, dass in der tiefsten Nacht ein anderes Licht aufleuchtet: Nicht das Licht des Tages – **sondern das Licht aus der Tiefe.**

Der Meistergriff ist damit nicht nur ein Zeichen zwischen Brüdern – er ist das psychische Symbol der inneren Wahrheit, die sich erst nach dem Tod des alten Selbst offenbart.

**Abschnitt 3: Das verlorene Wort – Sinnsuche als Lebensaufgabe**

Nach der Erhebung durch den Meistergriff steht der Bruder vor einer neuen Leere: **Das wahre Wort ist verloren.** Statt der erhofften Erkenntnis erhält er ein Ersatzwort – Mahabone –, das nicht das ursprüngliche, sondern ein vorläufiges, geteiltes, symbolisches Wort ist. Dies ist eine der tiefsten psychologischen Aussagen des Meistergrades: **Sinn ist nicht etwas, das man besitzt – Sinn ist etwas, das man sucht.**

- Das **verlorene Wort** ist nicht nur eine Allegorie. Es ist der Ausdruck einer Grundwahrheit jeder menschlichen Entwicklung: Dass das Ursprüngliche, Unversehrte, Eindeutige im Leben nicht dauerhaft verfügbar ist. Dass das Kindliche vergeht. Dass Sicherheit ersetzt wird durch Ahnung, durch Frage, durch Fragment. Psychologisch entspricht dies der Konfrontation mit der **Grenze des Wissbaren.**

- Das **Ersatzwort** ist nicht wertlos. Es ist ein Zeichen der Demut: Das Anerkennen, dass das höchste Wissen **nicht vollständig ausgesprochen werden kann**. Es ist eine Lehre der Stille, der Teilung, der Brüderlichkeit – denn das Wort kann nur **gemeinsam** gegeben werden. Dies verweist auf die Idee des geteilten Sinns, der nur in Beziehung, im Bund, im Dialog existieren kann.

- Der Meister erkennt: Es gibt **kein endgültiges Ankommen**, kein alles erklärendes Zeichen. Das höchste Geheimnis ist nicht Besitz, sondern Aufgabe. Die Suche nach dem verlorenen Wort wird zur **inneren Haltung** – zur Art, wie man lebt, liebt, denkt und

333

arbeitet. Es ist die Reise ins Offene, mit Maß und Vertrauen.

In der Tiefenpsychologie entspricht dieser Zustand dem, was Viktor Frankl als **Sinnspannung** bezeichnete: Das Bewusstsein, dass Leben nicht in Antworten besteht, sondern in Fragen, denen man mit Treue begegnet. Die Loge des Meisters ist damit keine Bühne der Vollkommenheit, sondern ein Raum für jene, die wissen: **Das Wesentliche bleibt unausgesprochen – und doch spürbar.**

Der Meistergrad ist damit der **Übergang vom Wissen zur Weisheit.**
Vom Griff zur Geste.
Vom Zeichen zur Stille.
Vom Wort zur Suche.

Und das ist kein Ende – sondern der eigentliche Anfang der Freimaurerei im Innern des Menschen.

# Sektion 7: Der Meistergrad
## Das Mysterium des Wortes
## und die Suche nach dem Sinn

### Abschnitt 1: Symbolsprache als Brücke zwischen Bewusstsein und Transzendenz

Der Meistergrad führt den Freimaurer über die Schwelle der alltäglichen Rationalität hinaus – hinein in ein Reich, in dem Sprache **nicht mehr beschreibt**, sondern **verweist**. Die Symbole, die zuvor Werkzeuge oder Prinzipien waren, werden nun zu **Hinweisen auf das Unsagbare**. Die Loge wird zu einem **Ort der spirituellen Tiefenresonanz**, in dem das Ich sich nicht mehr erklärt, sondern sich öffnet – für ein Wissen, das nicht aus dem Verstand, sondern aus der inneren Stille kommt.

- Das zentrale Thema ist die **Sprache des Symbols**: Das Wort ist nicht mehr „Boas" oder „Jachin", sondern etwas, das **verloren** ist – und gerade dadurch tiefer wirkt. Die Symbolsprache des Meistergrades funktioniert nicht wie ein Kodex, sondern wie ein Spiegel: **Sie reflektiert die Tiefe des Suchenden**. Wer oberflächlich fragt, erhält keine Antwort. Wer fragt mit offenem Herzen, wird berührt.

- Psychologisch entspricht dies der Schwelle zwischen Bewusstem und Unbewusstem, zwischen Ich und Selbst. Das Symbol ist ein **Übergangsphänomen** (Winnicott), das sowohl greifbar als auch geheimnisvoll bleibt. Es stellt Verbindung her – zwischen Welt und

Seele, zwischen Handlung und Sinn, zwischen Endlichkeit und dem Gedanken des Ewigen.

- In diesem Raum entsteht eine neue Qualität des Denkens: **kontemplativ statt analytisch**, lauschend statt erklärend. Der Meister wird nicht zum Lehrer, sondern zum Hüter – des Unerklärten, des Schweigenden, des Heiligen. Die Symbole sind nicht dazu da, gelöst zu werden wie Rätsel – sondern **gelebt zu werden** wie Gebete.

So beginnt eine neue Dimension der psychischen Reife: Der Mensch stellt nicht mehr nur Fragen an die Welt – **er wird selbst zur Frage.**

Und die Antwort liegt nicht im Licht – sondern im Schweigen zwischen zwei Brüdern,
im Griff,
im Zeichen,
im Blick.

**Abschnitt 2: Die Unvollständigkeit als seelischer Auftrag**

Im Zentrum des Meistergrades steht ein scheinbarer Widerspruch: Der höchste Grad der symbolischen Freimaurerei endet nicht mit Vollendung, sondern mit einem **Verlust** – dem des „wahren Wortes". Dies ist kein Defizit des Systems, sondern seine größte Tiefe. Denn gerade die **Unvollständigkeit** verweist auf das Wesen des Menschen: dass er **suchendes, nicht wissendes, fragendes Wesen** ist – und bleiben soll.

◆ Diese Unvollständigkeit hat eine klare psychologische Funktion: Sie schützt vor **Absolutismus und Größenwahn**, zwei der gefährlichsten Schatten des spirituell Suchenden. Wer glaubt, das Ganze erkannt zu haben, hat aufgehört zu suchen – und damit aufgehört zu wachsen. Das verlorene Wort ist ein **Maßstab für Demut**.

◆ In dieser Lücke – in der fehlenden Erfüllung – liegt zugleich das **Sinnpotenzial des Lebens.** So wie in der Loge das Wort nur fragmentarisch weitergegeben wird, so offenbart sich auch im Leben das Wesentliche meist **nicht als Ganzes, sondern in Andeutungen**: im Blick, im Schmerz, in der Arbeit, im Zweifel. Der Sinn zeigt sich nicht als Definition, sondern **als Richtung**.

◆ Die Freimaurerei verlangt an diesem Punkt eine Haltung, die man in der existenziellen Psychologie als **Sinn-Aushalten** bezeichnen kann. Der Mensch hält das Spannungsverhältnis zwischen Wissen und Nichtwissen aus – nicht als Schwäche, sondern als Stärke. Er lebt weiter, obwohl das Letzte ihm verborgen bleibt – und gerade darin liegt seine Würde.

So ist der Meister nicht derjenige, der **alles weiß** – sondern derjenige, der **weiß, dass er nicht alles weiß, und dennoch treu bleibt**. Der das Fragment als heilig achtet. Der das Schweigen nicht mit Erklärungen übertönt. Und der in der Leere nicht Leere sieht, sondern **Möglichkeit**.

Die unvollendete Loge ist das Bild für das menschliche Leben selbst:
immer im Bau,
nie vollendet,
und dennoch getragen von einem inneren Plan,
der im Schweigen mitgehört werden kann.

**Abschnitt 3: Brüderlichkeit als sinnstiftender Erfahrungsraum**

Im Meistergrad tritt ein weiterer Aspekt in den Vordergrund, der nicht nur rituell, sondern psychologisch von höchster Bedeutung ist: **Die Erfahrung von Brüderlichkeit** als Quelle und Spiegel von Sinn. Nachdem das „wahre Wort" nicht gefunden wurde, bleibt dem Bruder etwas anderes – etwas Tieferes: **die Gemeinschaft der Suchenden**, die Verbindung derer, die einander erkennen, tragen, spiegeln und begleiten.

- Aus psychologischer Sicht ist dies eine **Reifungsleistung des Selbst**: Das Ich erkennt, dass seine Identität nicht nur aus innerer Autonomie, sondern auch aus **Beziehungsfähigkeit** erwächst. Der Sinn des Lebens wird nicht individuell „gefunden", sondern entsteht im Dialog – im Bund, im Griff, im gegenseitigen Vertrauen.

- Diese Form der Beziehung ist kein bloßes soziales Konstrukt. Sie ist **initiatisch fundiert**: Brüderlichkeit im maurerischen Sinn ist keine Freundschaft, sondern eine spirituell existenzielle Bindung. Man erkennt im Anderen **nicht nur einen Menschen**, sondern einen Teil des eigenen Weges. In der rituellen Begegnung mit dem Mitbruder begegnet man – symbolisch gesprochen – **dem eigenen Schatten, der eigenen Hoffnung, dem eigenen Maß.**

- Daraus ergibt sich ein neuer Sinnbegriff: **Sinn als Resonanz.** Der Meister erkennt, dass das Wort nicht in einem Buch, nicht in einem Geheimnis, nicht in einer Lehre verborgen liegt – sondern im **leisen Echo,** das entsteht, wenn zwei Menschen sich aufrichtig begegnen. Die Geste des Hebens, das stille Zeichen, das Wissen um die gemeinsame Arbeit am Unvollendeten – all dies erzeugt eine tiefe Erfahrung: **Ich bin nicht allein.**

Diese existenzielle Brüderlichkeit ist keine Antwort auf die Sinnfrage –
sie ist **die Transformation der Frage selbst.**

Denn wo Menschen einander so begegnen, dass das Schweigen tragfähig wird,
dort ist kein endgültiges Wort mehr nötig.
Dort genügt ein Griff.
Ein Blick.
Ein Weg –
gemeinsam.

# Sektion 8: Der symbolische Weg als psychologische Entwicklung

### Abschnitt 1: Die drei Grade als innere Entwicklungsstufen

Die drei symbolischen Grade des Emulations-Ritus sind weit mehr als rituelle Ränge oder didaktische Etappen. In ihrer seelischen Tiefenstruktur spiegeln sie ein archetypisches Modell der **menschlichen Selbstwerdung**. Jeder Grad steht für eine zentrale Entwicklungsstufe des Individuums – unabhängig vom biologischen Alter, aber verankert im geistigen Reifungsprozess des Menschen.

♦ Der **Lehrlingsgrad** verkörpert die **Geburt des Ich**: das Erwachen des Bewusstseins, die Suche nach Ordnung, Schutz und Orientierung. In der Sprache der Entwicklungspsychologie entspricht dies der Phase, in der das Selbst sich erstmals als handelnd, fragend und lernend erlebt. Es ist ein Zustand relativer Abhängigkeit – und zugleich der erste Schritt zur Freiheit.

♦ Der **Gesellengrad** steht für die **Differenzierung des Ichs**: das aktive Auseinandersetzen mit der Welt, mit Widersprüchen, mit Aufgaben. Hier wächst das Selbst an der Realität, übernimmt Verantwortung, lernt Grenzen kennen – sowohl im Außen als auch im Innern. Es ist die Phase der Arbeit am Charakter, des Ringens um Wahrheit und Identität.

♦ Der **Meistergrad** schließlich markiert den Übergang zur **Transzendenz des Ichs**: die Konfrontation mit dem

Tod, mit Sinnverlust, mit den eigenen Abgründen – und der Möglichkeit einer Wiedergeburt auf höherer Ebene. Hier beginnt nicht die Auflösung des Selbst, sondern seine Verwandlung: Das Ich wird zum Werkzeug des Sinns, nicht zu dessen Zentrum.

Diese drei Grade bilden – psychologisch betrachtet – ein vollständiges Modell der **individuellen Reifung**:

- Geburt und Orientierung
- Auseinandersetzung und Arbeit
- Krise, Wandlung und Neuwerdung

Sie entsprechen in gewisser Weise auch dem Lebenslauf des Menschen – oder genauer: dem inneren Lebenslauf, den er vielfach, in unterschiedlichen Kontexten, wiederholt durchläuft. Denn jede echte Krise, jede neue Lebensphase, jede tiefe Erfahrung verlangt von uns:
**Werde erneut Lehrling, Geselle, Meister – im Geiste.**

**Abschnitt 2: Die Verbindung zur Archetypenlehre C. G. Jungs**

Carl Gustav Jung hat in seiner Archetypenlehre das menschliche Seelenleben als Bühne uralter Grundbilder beschrieben, die unabhängig von Kultur oder Zeit im kollektiven Unbewussten des Menschen wirken. Die drei Grade der Freimaurerei lassen sich – bei aller Zurückhaltung im psychologischen Zugriff auf geheiligte Rituale – **stimmig mit zentralen Archetypen in Verbindung bringen**.

- Der **Lehrling** ist dem Archetypen des **Kindes** und des **Heldenanfangs** zugeordnet. Er steht am Beginn einer Reise, verlässt die unbewusste Sicherheit der profanen Welt und tritt in den symbolischen Raum ein, wo Prüfungen, Helferfiguren (Diakone, Aufseher) und Aufgaben auf ihn warten. Diese Schwellenphase entspricht dem mythischen Beginn des Individuations-prozesses.

- Der **Geselle** entspricht dem Archetypen des **Kriegers**, **Handwerkers** oder **Wegsuchenden**. Er bewegt sich durch Ambivalenzen, begegnet Schattenanteilen, ringt mit Sinn und Maß. Seine Prüfungen sind nicht mehr äußerlich, sondern innerlich: Er muss seinen Platz in der Ordnung finden, ohne sich selbst zu verlieren.

- Der **Meister** ist der Archetyp des **Sterbenden und Wiedergeborenen**, des **alten Weisen**, desjenigen, der das Alte loslassen kann, um Raum für Neues zu schaffen. Die Hiram-Legende ist in diesem Licht ein psychisches Drama: Der alte Archetyp stirbt, damit das wahre Selbst – das Selbst im Sinne Jungs – sichtbar werden kann.


Diese Deutung eröffnet ein tiefes Verständnis des Rituals: Es ist kein bloßes moralisches Lehrstück, sondern ein symbolischer Akt der **Seelenstrukturierung**. Jeder Grad konfrontiert den Menschen mit einem Teil seiner inneren Landschaft, macht ihn durch Handlung, Symbol und Sprache bewusst – und verankert ihn dadurch **nicht nur kognitiv, sondern existenziell**.

So wird die maurerische Reise zugleich zur **Reise durch die Archetypen** der Menschheit – nicht durch Bücher, sondern durch den **vollzogenen Ritus**, durch Schritt, Griff, Wort und Schweigen.

**Abschnitt 3: Individuation, Freiheit und das ethische Selbst**

Im Lichte tiefenpsychologischer Entwicklung steht am Ende der drei Grade nicht Vollkommenheit, sondern ein Mensch, der gelernt hat, sich selbst in seiner Widersprüchlichkeit zu erkennen und **dennoch in Verantwortung zu handeln.** Das Ziel ist nicht das Ideal, sondern die **Individuation** – ein Begriff aus der Psychologie C. G. Jungs, der die lebenslange Aufgabe bezeichnet, zu dem Menschen zu werden, der man seinem inneren Wesen nach ist.

- Die **Individuation** ist kein Prozess der Selbstverwirklichung im populären Sinne. Sie bedeutet nicht, Wünsche auszuleben oder Ziele zu erreichen, sondern die Integration von Bewusstem und Unbewusstem, von Licht und Schatten, von Rolle und Wesen. Die drei Grade führen den Menschen durch genau diesen Prozess: vom Aufbau des Ichs (Lehrling), durch Konfrontation mit der Welt und sich selbst (Geselle), bis zur Erschütterung und Neuordnung (Meister).

- Daraus erwächst ein neues Verständnis von **Freiheit**: nicht als Unabhängigkeit, sondern als innere Selbstbindung an ein höheres Maß. Der Freimaurer ist frei, weil er weiß, woran er sich bindet – nicht aus Zwang, sondern aus Einsicht. Freiheit wird zur Form der Verantwortung – ein psychologisch reifes Verhältnis zwischen Ich und Welt.

- Das daraus entstehende **ethische Selbst** ist nicht moralisierend, sondern authentisch. Es lebt nicht nach Geboten, sondern aus innerem Maß, das durch rituelle Erfahrung geformt wurde. Der Bruder handelt nicht „weil man das so macht", sondern weil er erkannt hat, **wer er ist** – und was durch ihn geschehen soll.

So bildet sich am Ende des symbolischen Weges kein neuer Titel, keine Überlegenheit, keine Überhöhung – sondern **eine stille Reife**, ein innerer Ernst, ein klares Ja zur eigenen Verantwortung im Angesicht der Unvollkommenheit.

Die Loge ist dann nicht mehr ein Ort der Lehre,
sondern ein Raum der Erinnerung:
an das, was uns zu Menschen macht –
fragend, wach, begrenzt –
und doch fähig, **Sinn zu stiften, wo keiner sichtbar ist.**

## Nachwort

## *Teil 1: Die stille Lehre des Rituals*

Die vorliegende Ausgabe des Emulations-Ritus ist das Ergebnis einer intensiven Auseinandersetzung mit Form, Inhalt und Geist eines Rituals, das wie kaum ein anderes in der freimaurerischen Welt für Klarheit, Disziplin und Einfachheit steht. Doch hinter dieser scheinbaren Schlichtheit verbirgt sich eine tiefgreifende Symbolik, die nur jenen zugänglich wird, die bereit sind, nicht nur mit dem Verstand, sondern auch mit dem Herzen zu lesen – und zu erleben.

Dieses Ritual spricht nicht laut. Es verlangt keine spektakulären Gesten, keine dramatischen Effekte, keine esoterische Überhöhung. Es ist in seinem Wesen nüchtern, beinahe protestantisch in seiner Haltung: schlicht, würdig, geordnet. Und doch – oder gerade deshalb – entfaltet es eine Wirkkraft, die über die äußere Form hinausreicht. Denn es berührt das Innerste des Menschen dort, wo Worte nicht mehr erklären, sondern erinnern. Es ist ein Ritual der Sammlung, nicht der Ekstase; ein Weg der bewussten Verinnerlichung, nicht der mystischen Entrückung.

Diese stille Lehre vollzieht sich in der Wiederholung. In der Verlässlichkeit der Form, im feierlichen Gang der Grade, im immer gleichen Ablauf von Öffnung und Schließung liegt ein Rhythmus, der den Menschen in eine andere Ordnung hebt. Diese Ordnung ist nicht fremd, sondern vertraut – wenn auch

345

oft vergessen. Sie ist die Ordnung der Vernunft, der moralischen Entwicklung, des aufrechten Gangs. Sie erinnert den Bruder daran, was er bereits weiß, aber nicht immer lebt: dass das Leben Maß braucht, Richtung, Ziel.

Die deutsche Fassung dieses Rituals will diesem Geist gerecht werden. Sie vermeidet Übertragungskunst, wo Genauigkeit gefordert ist. Sie bleibt der englischen Vorlage verpflichtet, nicht aus Sprachhörigkeit, sondern aus Achtung vor der inneren Struktur des Rituals, das über Jahrhunderte gewachsen ist. Zugleich achtet sie auf sprachliche Würde, auf einen feierlichen Ton, auf Klarheit in der Formulierung – nicht, um zu modernisieren, sondern um verständlich zu bleiben. Denn auch in der deutschen Sprache soll das Ritual das bleiben, was es im Ursprung ist: eine Schule des Denkens, des Fühlens, des sittlichen Handelns.

Wer mit diesem Ritual arbeitet, arbeitet an sich selbst. Wer es spricht, hört zugleich auf sich selbst. Und wer es ernst nimmt, wird verändert – nicht durch eine plötzliche Erkenntnis, sondern durch die beharrliche Übung im Symbolischen. Dieses Nachwort möchte daher nicht erklären, was das Ritual bedeutet, sondern würdigen, was es ist: ein Raum des Schweigens, in dem das Wesentliche hörbar wird. Ein Weg ohne Lärm, aber mit Tiefe. Eine Sprache, die nicht laut, sondern wahr ist. Eine Ordnung, die nicht unterwirft, sondern erhebt.

## Teil 2: Der Bruder im Zentrum – Menschliche Würde als rituelles Prinzip

Im Mittelpunkt des Emulations-Ritus steht nicht ein fremdes Geheimnis, sondern der Mensch selbst – genauer: der Mensch in seiner Fähigkeit zur sittlichen Entwicklung, zur Einsicht, zur Verantwortung. Es ist dies vielleicht der größte Unterschied zu jenen Systemen, die in ihren Ritualen eine esoterische Wissensvermittlung oder ein verborgenes metaphysisches Ziel verankern. Der Emulations-Ritus hingegen stellt den Bruder, so wie er ist – unvollkommen, suchend, vernunftbegabt – in den Mittelpunkt der Arbeit. Und er vertraut darauf, daß in jedem Bruder das Potential zu Wahrhaftigkeit, Maß und Erkenntnis bereits angelegt ist.

Der Mensch im Emulations-Ritus ist kein defizitäres Wesen, das erst durch äußere Einweihung vervollständigt werden müßte. Vielmehr ist er ein Wesen mit innerem Licht – ein Licht, das durch das Ritual nicht gegeben, sondern freigelegt wird. Dieses Licht, diese Fähigkeit zur Selbsterkenntnis und zur Orientierung am Guten, ist kein Besitz, sondern ein Auftrag. Das Ritual zeigt Wege, es zu entbergen, nicht durch Belehrung, sondern durch Erfahrung; nicht durch Theorien, sondern durch Handlungen, Worte, Räume – durch den rituellen Vollzug selbst.

Dabei wirkt das Ritual wie ein Spiegel: Es zeigt dem Bruder nicht nur, was er sein könnte, sondern auch, wo er steht. Der Maßstab ist nicht das Ideal, sondern die aufrechte Haltung im

Alltag. Was zählt, ist die Bereitschaft zur Arbeit an sich selbst – zur ständigen Verfeinerung des Charakters, zur Überwindung der eigenen Schatten, zur Hinwendung an das Licht, das Pflicht und Verantwortung gleichermaßen bedeutet. Der Tempel ist dabei nicht nur ein Ort, sondern ein Zustand: Wer ihn betritt, betritt eine geistige Welt, in der jedes Wort, jede Bewegung, jedes Symbol auf eine innere Ordnung verweist, die gelebt, nicht nur verstanden werden will.

In dieser Struktur liegt die große humanistische Kraft des Emulations-Ritus. Er verlangt keine dogmatische Bekenntnisformel, keine Glaubenssysteme, keine Zugehörigkeit zu einem metaphysischen Lehrgebäude. Stattdessen ruft er zur Arbeit im Sinne der Menschlichkeit auf – zur Entwicklung von Integrität, Urteilsfähigkeit, Wahrheitssinn und Brüderlichkeit. Der Bruder steht im Zentrum – aber nicht als Herrscher, sondern als Lernender, als Hörender, als Handelnder im Dienste einer höheren Ordnung.

Das Ritual ist ihm dabei Kompass, nicht Gesetzbuch; Resonanzraum, nicht Dogma. Wer ihm folgt, ohne es zu mechanisieren, wird feststellen: Es führt zu keiner fremden Erkenntnis, sondern zu einem tiefen Erinnern – an das, was Menschsein in seinem edelsten Sinne meint. Dieses Erinnern ist der Kern jeder freimaurerischen Arbeit. Und der Emulations-Ritus ist ein würdiges, klares und kraftvolles Instrument, um diesen Kern zur Sprache zu bringen – still, eindringlich, wahr.

# Teil 3: Die Zukunft des Emulations-Ritus – Treue im Wandel

Wer heute den Emulations-Ritus in deutscher Sprache pflegt, bewegt sich in einem Spannungsfeld zwischen Treue zur Überlieferung und der Notwendigkeit lebendiger Gegenwart. Der Ritus stammt aus einer anderen Zeit – aus einem England des frühen 19. Jahrhunderts, geprägt von bürgerlicher Nüchternheit, religiöser Toleranz und dem Wunsch nach moralischer Vervollkommnung. Seine Formensprache, seine Stille, seine Wiederholungen spiegeln diese Herkunft. Und doch hat er auch heute nichts von seiner Kraft eingebüßt. Warum?

Weil er nicht historisch ist – sondern wesentlich. Weil er nicht von Menschen spricht, wie sie waren, sondern wie sie sein können. Weil seine Symbole – Licht, Arbeit, Maß, Wahrheit – keine Vergangenheitsform kennen. Und weil der Mensch, dem er begegnet, auch im 21. Jahrhundert derselbe bleibt: ein Wesen zwischen Vernunft und Begierde, zwischen Pflicht und Freiheit, zwischen Dunkelheit und Licht.

Doch um seine Wirksamkeit zu entfalten, braucht dieser Ritus Schutz – vor Verflachung, vor bloßer Reproduktion, vor unreflektierter Gewohnheit. Es genügt nicht, ihn zu „spielen", wie ein Theaterstück. Es genügt nicht, ihn auswendig zu lernen. Der Emulations-Ritus will **gelebt** werden – als geistige Haltung, als ethische Praxis, als täglicher Maßstab. Und dazu bedarf es Brüder, die ihn nicht bloß übernehmen, sondern durchdringen; die nicht nur seine Form achten, sondern seinen Geist erfassen – und bereit sind, sich von ihm verwandeln zu lassen.

Diese Ausgabe will zu dieser Arbeit beitragen. Sie ist kein Abschluss, sondern ein Anfang – eine Grundlage für ernsthafte Beschäftigung, für rituelle Vertiefung, für die feine Kunst des Maßhaltens in einer Zeit des Übermaßes. Der Emulations-Ritus kann – wenn er ernst genommen wird – ein Gegengewicht sein: gegen die Oberflächlichkeit der Moderne, gegen die Fragmentierung der Werte, gegen die Zerstreuung des Geistes. Er bietet etwas Seltenes: einen Ort, an dem Stille spricht, Maß Orientierung gibt und Form zur Freiheit führt.

Die Zukunft dieses Ritus wird nicht davon abhängen, wie viele ihn verwenden – sondern wie tief sie ihn verstehen. In einer Zeit, die nach Sinn ruft, aber oft an der Tiefe scheitert, ist ein solches Ritual kein Relikt, sondern ein Werkzeug – zur Bildung des Menschen, zur Sammlung des Geistes, zur Öffnung des Herzens. Möge es in diesem Sinne weitergegeben, bewahrt und – mit innerer Wahrhaftigkeit – neu belebt werden.